좋은 부모 로그인

0~7세 아이 행동 20가지 비밀

최영희 지음

KNOWLEDGE COMMUNITY 공동체

어떤 부모가 되고 싶으신가요?

부모 됨이란 '아이의 바람직한 삶'을
실천하는 일입니다.

여기에 부모님이 궁금해하는
해답이 있습니다.

프롤로그

"공주야, 밥 먹어야지."

오늘 아침에도 저는 딸에게 이렇게 이야기를 합니다.

서른이 가까운 나이에 갓 결혼한 딸이지만 제 눈에는 아직도 어린 아이입니다.

그저 챙겨줘야 하는 사랑의 대상입니다.

딸은 '공주'라는 호칭을 별로 좋아하지 않습니다.

그러나 제게는 습관이 되어 자연스럽기만 합니다.

꼭 공주라서기보다는 자식도 공주처럼 존중받아야 할 대상이기에 이런 호칭을 사용하나 봅니다.

눈에 넣어도 아프지 않을 딸, 아들이기에 제게는 여전히 공주고 왕자이며 저의 희망입니다.

아이는 사랑스럽고 매력적이며, 일정한 발달단계를 거쳐서 끊임없이 성장하는 유기체입니다.

종잡을 수 없을 만큼 감정의 물결이 오묘합니다.

맑은 하늘에서 갑자기 소낙비가 쏟아지기도 하고 어느새 비가 내린 후 아름다운 무지개를 만들기도 합니다.

부모는 아이의 이런 변화무쌍한 성장통을 보며 함께 웃고 함께 행복해합니다.

누구나 자녀교육에 유능한 부모가 되기를 원하지만 부모가 뜻하는 대로 되지는 않습니다.

부모를 예습하고 시작하는 것이 아니기에 자녀교육은 그만큼 어렵습니다.

이 책은 아이의 다양한 감정과 정서에서 나타나는 여러 가지 행동 속에 숨겨진 아이의 마음을 이해하고 바람직한 방향으로 변화시키는 기술에 대해 사례와 함께 속 시원한 해결책을 담았습니다.

'0~7세 아이 행동 20가지 비밀'의 해답을 담은 이 책이 영유아를 둔 부모님에게 자녀교육의 소중한 지침서가 되고 자녀를 훌륭하게 키우는 레시피가 되기를 소망합니다.

초록 들녘이 보이는 연구실에서 최영희 씀

차례

제2장 정서로 말해요!

제3장 행동으로 말해요!

부록 0~7세 아이의 부모가 꼭 알아야 할 것

제1장

나는 어떤 부모인가?

아이의 마음을 읽어주고,
행동을 변화시키려면 어떻게 해야 하는가?

새로 친구를 사귀었다고 이야기하면,
어른들은 절대 이렇게 묻지 않는다.

"목소리는 어떠니?
그 친구가 좋아하는 놀이는 무엇이니?
나비를 수집하니?"

그 대신 어른들이 묻는 것은
"나이가 몇이지?
형제는?
키는 크니?
그 애 아버지는 뭘 하니?"

『어린왕자』 중에서

01

아이의 숨겨진 마음을 읽어주세요!

자녀를 사랑하지 않는 부모는 없습니다. 이 세상 모든 부모는 자신만큼 자녀를 사랑하는 사람은 없을 것이라고 떳떳하게 말합니다. 하지만 자녀를 사랑하는 만큼 아이가 원하는 감정의 욕구를 읽어주시나요?

아이는 자신의 욕구를 말보다는 행동으로 표현합니다. 아이는 부모의 관심을 끄는 다양한 행동을 합니다. 그러면서 아이는 행동으로 보여주고 부모의 반응을 살피고 탐색합니다. 아이의 모든 행동 이면에는 부모가 알지 못하는 숨겨진 목표가 있음을 알아야 합니다. 사람은 누구나 심리적인 방향을 추구함으로써 더욱 완전해지려는 목표를 가지고 있습니다.

'이렇게 하면 엄마의 반응은 어떨까?'

'엄마가 이렇게 하라고 했는데, 나는 이렇게 하고 싶은데…' 등

아이의 행동은 예측 불가능하고 이해할 수 없는 부분이 많지만, 분명한 이유와 목적이 있습니다. 아이의 행동 이면에 숨겨진 의미를 알지 못할 뿐입니다.

아이의 숨겨진 마음을 들여다볼 줄 아는 부모가 되어 아이 행동의 진정한 의미를 알고 싶나요? 아이를 변화시키는 것은 아이의 의도적인 행동 뒤에 숨겨진 아이 마음을 읽어주는 데서 시작됩니다.

자, 그럼 우리 아이의 마음을 어떻게 읽어주면 될까요? 먼저 나 자신은 어떤 부모인지를 살펴보고 아이의 마음을 들여다보는 여행을 함께 떠나봅시다.

02

아이의 모습에 부모의 그림자가 있습니다

아이를 이해하려면 그 부모의 모습을 보면 압니다.

'줄탁동시'라는 사자성어는 병아리가 알 안쪽에서 연약한 부리로 쪼아대며 세상에 나오겠다는 신호를 보내면, 엄마 닭이 그 신호를 느끼고 동시에 밖에서 껍데기를 쪼아 깨뜨려 준다는 의미입니다. 그것이 동시에 잘 이루어졌을 때 비로소 새 생명이 탄생합니다. 이렇듯 한 아이의 내면적인 요구도 시의적절하게 부모가 대응해 주어야 질 높은 성장이 이루어집니다.

부모는 아이가 보내는 신호를 잘 읽을 줄 알아야 합니다. 아이의 정서적인 공감능력은 성별이나 기질, 개성과 성향에 따라서 다른 양상으로 나타납니다. 어떤 아이는 어릴 때부터 우유도 잘 먹고 잠도 잘 자지만, 어떤 아이는 예민하고 까다로운 기질 때문에 잠자리나 환경이 바뀌면 잠자는 것이 어려워 뒤척거립니다. 어떤 아이는 원에 와서도 교사를 부모처럼 잘 따르지만, 어떤 아이는 적응하는 시간이 오래 걸립니다.

그러므로 아이와 잘 소통하기 위해서는 남아와 여아의 행동 특성과 소통방법을 이해해야 합니다. 레너드 삭스(Leonard Sax, 2007)의 『남자아이 여자아이』라는 책에서 남아는 본래부터 감정이나 언어처리 과정이 발생하는 뇌 부위가 제대로 연결되어 있지 않다고 합니다. 여아가 정서적인 공감능력이 뛰어나다면, 남아는 창의적이고 도전적인 모험심이 강한 특성이 있다고 합니다. 이처럼 남아와 여아의 소통방법에도 차이가 있습니다.

또한 부모가 지나치게 완벽성향을 띠거나 아이에게 과잉기대를 하면 아이는 상대적으로 심리적인 위축감을 느낍니다. 내면적인 욕구가 강한 아이일수록 부모의 기대에 부응해야 한다는 것이 힘겨운 스트레스로 다가옵니다. 부모에게 잔소리를 듣다 보면 자신이 늘 부족하다고 느끼게 되고 낮은 자존감이 형성됩니다. 아이에게 더 잘해야 한다는 심리적인 부담감이 생기면 부모의 기대가 부담으로 인식되기 시작합니다.

아이의 모습에는 부모의 그림자가 있습니다. 그러므로 부모가 먼저 자신을 들여다보고, 아이에게 적합한 양육법으로 자녀교육을 시작해야 합니다. 사랑스러운 내 아이와 함께 환상의 멘토와 멘티가 되어 함께 성장해 가는 부모가 되세요!

03

나는 어떤 유형의 부모일까요?

아이는 발달하면서 사회화 과정을 통해 자신의 인성, 태도, 신념, 가치관 등을 포함하는 생활양식을 형성해 갑니다. 여기에는 부모의 양육방식이 중요한 영향을 미치게 되는데 아이의 정서와 문제행동은 아이 자체의 문제라기보다는 부모의 양육방식과 밀접한 관계가 있습니다.

1990년대 초 미국의 교육심리학자 '바움린드(Baumrind)'는 부모의 양육방식을 애정과 통제라는 두 차원으로 분류하고, 민주형 부모, 권위형 부모, 허용형, 방임형 부모로 제시하였습니다. 애정이 높은지 낮은지, 통제의 강도가 높은지 낮은지에 따라 총 네 가지 유형으로 정리하였습니다. 이것은 부모가 자녀에게 얼마나 민감하게 반응하고 애정적으로 대하는지, 자녀에게 얼마나 성숙한 태도를 요구하는지에 따라 구분한 것입니다. 애정과 통제가 모두 높은 부모는 권위형 부모, 부모의 통제는 높으나 애정이 낮은 부모는 독재형 부모, 애정은 높으나 통제가 낮은 부모는 허용형 부모, 두 가지 모두 낮은 경우의 부모는 방임형 부모의 유형으로 분류하였습니다.

❖ 권위 있는 민주형 부모

민주형의 부모는 아이를 사랑하고 항상 대화하려는 자세를 가지고 있고 아이의 의견을 존중하고 독립심과 자율성을 존중하는 양육태도를 가집니다. 또한 아이와 의견 대립이 있을 때는 서로 의견과 타협을 통해 논리적으로 해결책을 찾습니다. 그리고 되고 안 되고의 책임과 한계가 분명하며 부모가 양보할 수 없는 부분에 대해서는 일관적인 양육태도와 원칙을 지킵니다. 늘 아이에게 사랑을 표현하고 자유롭게 풀어주지만 지켜야 하는 기준에 대해서는 확실하게 엄격한 태도를 보입니다. 더불어 아이의 감정도 매우 중요하게 생각하며, 아이를 존중하고, 아이의 행동을 배려하고 기다릴 줄 아는 부모입니다. 늘 아이를 양육하면서 일관성 있는 말과 행동을 하기에 아이에게 말로써 상처를 주지 않고 아이의 마음을 살피며 공감합니다. 그리고 잔소리보다는 열린 질문을 하며 아이의 말에 귀를 기울이죠. 또한 가르치기보다는 지지하고 격려해 주며 때로는 단호하고 엄하게 다스릴 줄 알며 아이의 의견을 존중하고 자율적으로 생활하도록 선택과 결정권을 주는 바람직한 부모의 유형입니다.

❖ 독재형 부모

독재형의 부모는 애정은 낮으며 아이를 통제하려고만 합니다. 아이에게 엄격한 규칙을 강요하고 훈육할 때 논리적이기보다는 처벌을 사용하는 경향이 있습니다. 아이의 감정을 읽어주는 것보다 끝까지 아이를 몰아가며 심하게 훈육하며 조금이라도 반항을 보이면 심한 체벌을 가하게 됩니다. 또한 부모는 완벽주의적 성향을 가지고 있으며, 아이에게 권위적이고 무조건적이며, 일방적인 지시를 하는 양육방식입니다. 이렇게 권위적인 부모 아래서 자란 아이는 자신의 의견을 분명하게 말하는 데 어려움을 겪으며, 매사에 능동적이지 못하고 수동적입니다. 또한 자신감과 자율성이 떨어지고, 무슨 일을 결정함에도 부모의 눈치를 보며 위축되어 있지요. 부모가 매사에 완벽을 추구하고 강압적인 태도를 보임으로써 아이 스스로 결단을 내리지 못하며 늘 의존적인 성향을 보입니다.

❖ 허용형 부모

허용형의 부모는 애정은 높지만 통제하는 정도가 낮은 경우입니다. 아이가 원하는 대로 다 해주고, 아이가 하고자 하는 대로 내버려 두는 허용과 방임적인 양육태도를 가지고 있습니다. 늘 우리 아이가 최고라고 생각하고 부모가 모든 것을 허용해 주기에 이것이 반복되면 아이는 부모의 말에 귀를 기울이지 않게 되지요. 허용적으로 양육된 아이는 부모가 아이의 모든 감정을 수용하기에 세상의 많은 것들을 자신이 원하기만 하면 소유할 수 있다는 비현실적인 자신감으로 가득 차 있는 경우가 많습니다. 또한 대인관계가 원만하지 못하고 놀이 상황이나 기타 상황에서 뭐든지 자기 마음대로 하려는 경향이 있습니다. 이러한 행동으로 인하여 또래와의 관계에서 따돌림을 당하거나 사회성이 미약하며, 자기조절력도 약하고, 부모에게 지나치게 의존적이며 충동적인 경향을 나타냅니다. 따라서 허용적으로 양육된 자기밖에 모르는 이런 아이는 적당한 기준을 제시하고 행동이나 감정을 어떻게 표출하는지에 대해서 알려줄 필요가 있습니다.

❖ 방임형 부모

방임형 부모는 애정과 통제가 모두 낮은 경우입니다. 이 부모는 아이를 그대로 방임하며 무관심으로 자녀를 양육하여 일정한 질서와 규칙이 없고 관심이 없습니다. 또한 아무런 제재나 통제가 없어 부모는 자칫 아이들의 심부름꾼처럼 행동하게 됩니다. 이처럼 방임적인 지도하에 자란 아이는 일정한 원칙이나 규칙을 지키지 못하며 안정감을 느낄 수 없습니다. 그래서 자기 스스로를 통제하지 못하고 규율과 타인과 함께하는 법을 배우지 못해 집단생활에 어려움을 느끼게 되고 이것은 문제행동으로 나타나게 됩니다. 즉, 부모의 관심을 끌기 위해서 언제나 감정을 크게 표출해야 관심을 끌 수 있다는 것을 알기에 문제행동이 많이 발생할 수 있습니다.

위에서 제시한 부모의 네 가지 양육태도 중에서 가장 바람직한 양육태도의 유형은 권위적인 민주형의 부모입니다. 민주적으로 양육된 아이들은 애착이 긍정적으로 형성되어 있어 부모가 아이 자신을 믿고 사랑한다는 굳은 신념을 가지고 있습니다. 또한 감정적으로 풍부하고 사회성이 원만하며, 독립심, 자신감, 자율성, 자아존중감, 책임감 등 여러 측면에서 긍정적인 특성을 나타냅니다. 또한 자신의 욕구를 스스로 조절할 수 있는 자기 통제력이나 회복탄력성도 강하고, 긍정적인 마음으로 사회적 성취도도 높은 것으로 나타나고 있습니다. 민주적으로 성장하는 아이는 창의적이며 타인에게 적대감이 없고 외향적이며 적응력이 높은 아이로 자라납니다.

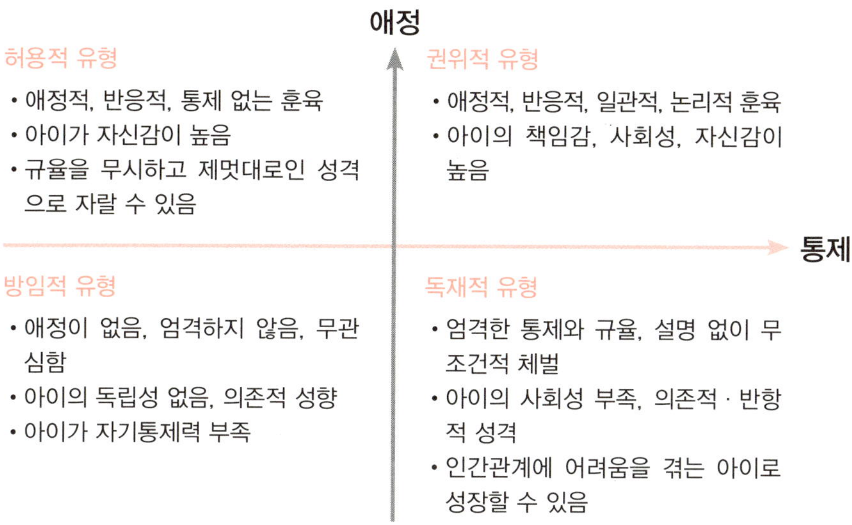

〈표 1〉 출생순위에 따른 아이의 행동 특성과 부모의 양육태도

출생순서	아이의 행동 특성	적절한 부모의 양육태도
첫째 아이	보수적이고 완전함을 추구한다.	실수함으로써 더 잘 배울 수 있다는 것을 가르친다.
둘째 아이	경쟁적이고 반항적인 행동을 한다.	아이의 독특성을 격려하고 지지해준다.
셋째 아이	미성숙한 행동을 보인다.	혼자서 할 수 있는 일을 대신 해주지 않는다.

출처 : 김영희 외(2012).

부모 양육태도 유형 검사 (부모용)

〈참고로 이 검사는 Goyetche(2000)가 Baumrind의 부모의 양육태도 유형에 관한 이론(1991)에 입각해서 제작한 검사를 우리 실정에 맞게 수정, 보완한 것입니다〉

이 검사는 당신이 자녀와의 관계에서 어떤 유형의 부모인지를 알아보기 위한 것입니다. 당신이 당신의 자녀와 어떻게 상호작용하는지가 자녀들의 현재 및 미래의 삶에 영향을 줄 수 있습니다. 자녀의 현재와 미래에 관심이 있다면, 당신이 부모로서 어떤 유형인지 한번 확인해 보세요. 주어진 각각의 상황에서 당신이 어떤 반응을 보이는지 보기 중에서 해당하는 항목의 옆에 있는 □ 안에 ∨표해 주시면 됩니다.

※ 자녀의 성명 : ____________________

※ 당신은 아이의? □ 어머니 □ 아버지

---

1 식사시간이 얼마 남지 않았는데도 당신의 아이가 군것질거리를 먹겠다고 조르자 시어머님(장모님)께서 먹으라고 허락한다면?

□ 그대로 먹게 내버려 둔다.
□ 안 된다고 하며 못 먹게 한다.
□ 밥을 먹고 난 다음에 후식으로만 먹게 한다.

2 당신의 6살 난 아이가 청소년들이 볼 수 있는 만화영화를 보겠다고 떼를 쓴다면?

□ 보도록 내버려 둔다.
□ 보지 못하게 TV를 끄거나 채널을 다른 프로그램으로 돌린다.
□ 아이에게 적합한지를 직접 시청한 다음 보게 할 것인지를 결정한다.

3 당신의 아이가 반짇고리(바느질고리)를 뒤집어 엎어 온 방 안에 헤쳐놓았다면?

- □ 아이이니까 그러려니 하고 손수 치운다.
- □ 화를 내며 지금 당장 치우라고 소리친다. (당장 치워!!!)
- □ 화를 내지는 않지만 아이에게 치우게 하고, 다 치울 때까지 다른 일을 못하게 한다.

4 아이가 당신이 아끼던 꽃병을 깨놓고선 옆집 친구가 그랬다고 거짓말을 했다면?

- □ 아깝지만 괜찮다고 이야기한다.
- □ 깨뜨린 것과 거짓말 한 것 모두에 대해 야단을 치거나 벌을 준다.
- □ 거짓말 한 것에 대해 야단을 치고, 만일 솔직히 이야기했더라면 꽃병을 깬 것에 대해 혼내지 않았을 것이라고 말해준다.

5 7살짜리 당신의 아이가 서너 살짜리 아이들과 노는 것을 보았다면?

- □ 속은 상하지만 그냥 놀게 내버려 둔다.
- □ 당장 놀지 못하게 한다.
- □ 같이 놀 또래 친구들을 찾아보도록 도와준다.

6 당신의 아이가 다른 친구를 때려서 상처를 냈다면?

- □ 아이들 싸움이려니 하고 그냥 내버려 둔다.
- □ 화가 나서 야단치거나 때로는 체벌을 한다.
- □ 왜 싸웠는지에 대해 이야기를 나누되, 그래도 싸움은 나쁘다고 따끔히 꾸중한다.

7 당신의 아이가 유치원(학교)에서 내준 숙제를 이번에도 또 잊고 안 해 간다면?

- □ 선생님께 전화를 해준다.
- □ 그 자리에서 혼을 내고 다시는 그러지 못하도록 다짐해 둔다.
- □ 더 이상 잊어버리지 않도록 타이르고 다음부터는 알림장을 꼭 확인하도록 도와준다.

8 당신의 아이가 크레용으로 온 방바닥에 낙서를 했다면?

- □ 낙서할 수 있는 종이를 한 묶음 갖다주며 웃어넘긴다.
- □ 아이에게 화를 내며 당신이 직접 낙서를 지운 다음, 크레용을 모두 없애버린다.
- □ 아이 스스로 지우게 하고, 다음부터는 크레용을 가지고 놀 때 세심히 지도한다.

9 당신의 아이가 유치원(학교)에서 친구를 사귀는 데 문제가 있다면?

- □ 친구들을 불러서 파티를 열어주고 선물을 나누어 주며 당신의 아이와 사이좋게 지내달라고 부탁한다.
- □ 바보처럼 친구 하나도 못 사귄다고 야단을 친다.
- □ 당신의 자녀와 친구관계에 관한 이야기를 나누고, 친구를 사귈 수 있도록 단체 활동 프로그램 등에 가입시킨다.

10 당신의 기분이 언짢은데 자녀가 당신의 관심을 받고자 보챈다면?

- □ 언짢은 기분은 뒤로 하고 자녀에게 관심을 기울인다.
- □ 아이에게 짜증내며 남편(아내)을 불러 떠넘긴다. '네 아빠(엄마)한테나 가봐!'
- □ 아이에게 당신의 기분이 언짢다는 것을 이야기해 주고, 좀 나아지면 함께 놀아주겠다고 한다.

11 당신의 아이가 블록 쌓기 놀이를 하는데 원하는 대로 잘 되지 않아서 짜증을 부린다면?

☐ 아이의 짜증을 멈추게 하기 위해 옆에서 도와준다.

☐ 짜증 부리지 말라고 야단을 친다.

☐ 아이에게 짜증을 부리는 대신 말로 표현하도록 이야기해 주고 짜증 난 이유에 대해 이야기를 나눈다.

12 당신의 집에는 자녀가 지켜야 할 규칙이 얼마나 많습니까?

☐ 없다.

☐ 많은 규칙이 있고, 규칙마다 이를 어겼을 시 받게 될 꾸중이나 벌이 정해져 있다.

☐ 아이의 건강과 안전을 위한 몇 가지의 규칙이 있긴 하나, 그 밖에는 상황에 따라 그때그때 대화를 통해 결정한다.

13 당신이 좋아하는 수제비를 특별히 준비하였는데 아이가 먹기 싫다고 한다면?

☐ 귀찮더라도 아이를 위해 밥을 따로 준비한다.

☐ 억지로라도 먹게 한다.

☐ 수제비를 조금이라도 먹어보게 한 다음 그래도 싫다면 아이를 위해 밥을 따로 준비한다.

14 자야 할 시간이 훨씬 지났는데도 아이가 하고 있던 놀이를 더 하고 자겠다고 고집을 피운다면?

☐ 놀 만큼 더 놀다 자게 한다.

☐ 당장 가서 자라며 야단치거나 불을 꺼버린다.

☐ 그 시각부터 20~30분만 더 놀다 자게 한다.

15 당신의 아이가 다른 어른의 말을 잘 따르지 않는다면?
- □ 아직 어리니까 그러려니 하고 내버려 둔다.
- □ 화를 내며 어쨌든 어른의 말을 따르지 않는다는 건 나쁜 일이기에 야단친다.
- □ 어른에 대한 공경심과 그 어른의 말을 왜 따라야 하는지에 대해 이야기를 나눈다.

16 아이와 함께 쇼핑 시, 쓸모 없어 보이는 것들을 이것저것 사달라고 조른다면?
- □ 가능한 한 다 들어준다.
- □ 화를 내면서 아이의 손목을 잡고 그 상점을 뜬다.
- □ 안 된다고 딱 잘라 말하고, 쇼핑을 계속하면서 아이에게 적합한 것을 골라 사준다.

17 당신은 얼마나 자주 자녀에게 화를 냅니까?
- □ 거의 드물다.
- □ 매일 같이
- □ 일주일에 한 번 정도

18 당신의 아이가 자다가 무서운 꿈을 꾸어 당신의 방에서 자겠다고 오는 경우
- □ 함께 자도록 한다.
- □ 당장 네 방에 가서 자라고 소리 지른다.
- □ 일어나서 아이를 달래준 다음 아이를 방으로 데려가 재운다.

19 당신의 아이를 생각할 때, 당신이 원하는 가정의 분위기는?
- □ 자유롭고 개방적인 가정
- □ 규율과 질서가 잡힌 가정
- □ 대화와 화합이 있는 가정

채점 요령

각 문항의 선택항목 중 첫 번째에 응답한 것을 모두 합친 값이 A Type의 점수가 되며, 두 번째에 응답한 것을 모두 합친 값이 B Type의 점수가 되며, 세 번째에 응답한 것을 모두 합친 값이 C Type의 점수가 됩니다.

A형 : 허용적/익애적 양육태도(permissive parenting style)

당신은 자녀에 대해 허용적 태도를 지니고 있습니다. 마치 아이를 성인으로 대하듯 아이에게 스스로 결정하도록 허락하는 사람입니다. 아이에게 어떤 규칙들을(예를 들면, 잠자는 시간이나, 먹어야 할 음식의 종류 등) 강요하지 않습니다. 하지만 이러한 것이 지나치면 장래에 당신의 자녀는 규칙을 따르는 데 문제가 있을 수 있습니다. 아이들도 수용할 준비가 되어 있지 않은 결과들에 대해서도 결정을 해야 할 수 있습니다. 구체적으로 이런 부모 밑에서 자란 아이는 다음과 같은 특성을 지닐 수 있습니다.

- 어른에게 저항, 불복종
- 자기에 대한 낮은 신뢰성
- 낮은 성취지향성
- 약한 자기 통제력
- 지배적
- 공격적
- 쉽게 화내지만 회복도 빠름
- 충동적
- 목적이 없거나 목표지향적 활동이 적음

B형 : 권위주의적 양육태도(authoritarian parenting style)

당신은 아마도 자녀에게 많은 것을 요구하면서도 당신은 자녀에게 해주는 것이 별로 없어 보입니다. 가정 분위기는 매우 엄격하게 통제되어 있는 듯 싶습니다. 아이는 아마도 성장하면서 어떤 보호도 없는 채 상실감을 맛보게 될 수도 있으며, 의사결정 시에 자기 확신감이 부족할 수도 있습니다. 이런 부모 밑에서 자란 아이는 다음과 같은 특성을 지닐 수 있습니다.

- 공포와 두려움이 많음
- 스트레스를 쉽게 받음
- 우울하고 불쾌한 정서
- 목적이 없음
- 쉽게 초조해짐
- 겉으로 드러나진 않으나 배타적임
- 공격적인 행동과 무뚝뚝하고 무관심한 행동이 번갈아 나타남

C형 : 민주적/균형 잡힌 양육태도(democratic/balanced parenting style)

당신은 아이에게 요구하는 만큼 당신도 자녀에게 돌려주는 타입입니다. 아이와 함께 대화를 통해 타협하며 아이에게 확신감과 스스로 자신을 통제하는 방법을 길러주는 부모입니다. 부모와 자녀와의 관계는 존경에 바탕을 두고 있습니다. 자녀는 이러한 가정 분위기 속에서 사회에 적응할 수 있는 능력을 자연스럽게 배워나가며 긍정적인 자아상을 지니게 될 것입니다. 이런 부모 밑에서 자란 아이는 다음과 같은 특성을 지닐 수 있습니다.

- 자기 신뢰적
- 높은 스트레스 대처 능력
- 자기 통제적
- 새로운 상황에 대한 흥미와 호기심
- 활동수준이 높음
- 성인에 대해 협조적
- 쾌활
- 목적지향적
- 또래 친구와 잘 사귐
- 성취지향적

04

부모인 '자신'부터 이해하고 돌아봅니다

아이를 진정으로 사랑할 줄 아는 부모는 먼저 지금 현재의 '나'를 돌아볼 수 있는 여유가 있습니다. 부모가 된 지금의 '나'도 다른 부모를 비롯한 주변의 사람들과 다양한 관계를 맺으며 생활합니다.

자신이 경험한 어린 시절의 정서적 기억들은 무의식중에 '나'를 이루는 토대가 되고, 현재의 '나'와 과거의 '나'가 하나가 되어 내 아이를 양육하는 데 상당한 영향을 미치고 있습니다.

지금의 나를 이해하고 나를 아는 것이 지혜로운 부모가 되는 길이고, 자녀양육에 현명한 부모가 되는 길입니다.

❖ 나의 주된 정서는 무엇일까요?

나의 정서 상태는 어떨까요?

어떤 정서가 나의 주된 정서이며, 핵심 감정이 무엇인지를 찾아봅니다. 정서에는 나 자신의 감정, 감각, 생각, 행동이 포함되어 있다고 합니다.

긍정 정서는 만족, 행복, 감사, 용서, 자부심 등 여러 가지가 있고, 부정 정서에는 불안, 비난, 무기력, 불만, 우울 등 여러 가지가 있습니다. 나의 주된 정서는 어떤 것인지 한번 자신을 점검해 보세요.

❖ 어린 시절의 '나'는?

우리 어른들도 내 안에 '상처받은 내면의 아이'가 있다는 말을 합니다. 우리 부모가 경험한 어린 시절은 현재의 자신의 삶에 큰 영향을 미치게 됩니다.

이제 부모 자신의 어린 시절을 한번 떠올려 보고, 어린 시절의 경험이 현재의 나 자신의 삶에 어떻게 반영되고 있는지를 되돌아봅니다. 세 살 버릇이 여든 간다고 했듯이, 유아기에 경험했던 것이 어쩌면 평생을 좌우하는 무의식이 되어 '나'를 지배할 수 있습니다.

평소에 혹은 어떤 상황이 되었을 때, 자기 자신에게 너무 가혹하게 대하거나 자녀에게 과한 행동을 보이지는 않는지 생각해 보세요. 성인이고 부모라는 이유로 우리는 종종 자기 자신을 잊어버리고 살 때가 있습니다. 자신에게 방향을 돌려 내면을 살피는 것도 현명한 부모가 되는 좋은 방법이 될 수 있습니다.

❖ 부모인 '나'의 본성은 어떤가요?

부모인 나의 본성은 어떤가요? 태어나면서 가진 성격이나 성품은 평생 동안 유지가 됩니다. 이것을 천성이라고도 합니다.

우리는 흔히 말을 합니다.

"천성은 못 고쳐!", "아무리 고치려 해도 안 돼!"

"남편도 마음대로 안 되는데, 자식이 마음대로 되겠니?" 등등

자신의 천성은 어떠한가요? 급한 성질을 가진 사람, 말이 많은 사람, 무뚝뚝한 사람, 느린 사람, 온순한 사람. 고집불통, 우유부단한 사람 등 사람은 각자 다른 성향을 가지고 삽니다.

부모인 나는 현재 어떤 모습을 하고 있습니까? 본성을 솔직하게 들여다볼 기회를 가져보세요. 나 자신의 모습에 대해 편안하게 느낄 수 있을 때, 정신적으로 안녕감을 가질 수 있고, 아이를 지혜롭게 양육할 수 있습니다.

❖ 부모인 '나' 자신을 개방하기

부모인 나는 자신을 얼마나 개방하며 살고 있나요? 우리는 다른 사람들과 다양한 생각과 경험을 공유하며 살아갑니다. 또한 그 사람의 말과 행동을 보고 그에 대한 이미지를 가지게 됩니다.

나 자신을 다른 사람들에게 개방하고, 다른 사람들에게 관심을 갖는 것은 사회적으로 건강한 자아를 발달시키는 데 도움이 됩니다. 나 자신을 개방하는 부모는 아이에게도 적극적이며 개방적입니

다. 아이 역시 부모를 본받아 타인에게 적극적이며 개방적으로 자랄 것입니다(자료 : 김영희 외, 2012).

05

아이의 성장과 발달 원리를 이해합니다

❖ 발달에도 순서가 있습니다

아이의 발달과정을 살펴보면 처음 목을 가누고, 뒤집고, 앉고, 서고, 다음에 걸을 수 있습니다. 목표를 향해 손을 움직이기 시작한 후에야 비로소 그 물건을 잡을 수 있게 됩니다. 이처럼 아이의 신체 발달에는 일정한 순서가 있습니다.

상부에서 하부로 (머리에서 발 방향으로) 발달합니다. 중심(심장, 위, 폐)에서 말초 방향(팔, 팔목, 손, 손가락)으로 발달합니다. 단순한 것에서 복잡한 것으로 발달합니다. 이처럼 아이의 발달은 앞 단계의 발달이 기초가 되어 다음 단계로 진행하며 보다 높은 발달이 이루어집니다.

❖ 발달과정은 계속되지만 속도는 다릅니다

몸과 마음의 발달 속도는 각각 다릅니다. 특정한 신체 부분의 발달도 단계에 따라 그 속도가 일정하지는 않습니다. 하지만 결정적 시기의 발달은 정상적으로 이루어져야 하며, 이 시기에 정상적인 발달이 이루어지지 않으면 영구적인 결함을 지닐 수도 있습니다. 아이의 발달을 민감하게 관찰하여 잘 지켜보아야 합니다.

❖ 발달은 유전과 환경의 상호작용입니다

아이의 발달은 유전과 환경의 상호작용으로 이루어집니다. 인간의 발달은 유전적인 측면이 우세할까요, 환경적인 측면이 우세할까요? 아직까지도 끊임없이 논란의 대상이 되고 있습니다. 최근의 연구에서는 유전과 환경의 적절한 상호작용이라는 것에 합의가 이루어지고 있습니다.

❖ 발달에는 개인차가 있습니다

모든 아이는 보편적인 순서에 따라 성장하고 발달해 갑니다. 하지만 개인차는 있습니다. 대부분 보편적인 발달순서를 따르기는 하지만, 연령이나 개월 수 또는 개인의 특성에 따라서 분명히 개인차가 있음을 인정해야 합니다.

❖ 일생에서 가장 중요한 시기는 발달의 초기단계입니다

생의 초기의 발달은 이후 어른이 되기까지 모든 성장의 발달에 밀접한 영향을 미칩니다. 영유아기 초기발달의 경험은 에릭슨(Erikson)의 발달이론에서처럼 초기 부모와의 신뢰감 형성으로 시작되며, 성장 후 친구관계, 이성관계, 나아가서는 대인관계에 절대적인 영향을 미치게 됩니다.

● **완벽한 엄마보다는 행복한 엄마가 되세요!**

1. 아이 요구에 즉각적인 반응을 해줍니다.
2. 매사에 긍정적으로 대합니다.
3. 남편과 이웃을 훌륭한 지지자로 이끕니다.
4. 아이와 엄마 인생이 다름을 압니다.
5. 늘 육아공부를 꾸준히 합니다.

출처 : 대구시교육청(2014).

06

긍정의 말 한마디가 아이 미래를 좌우합니다

어릴 적 초등학교 다닐 때 선생님께 들었던 말을 아직도 기억합니다. 초등학교 5학년 무렵 담임선생님께서 내가 글을 잘 쓰고 그림을 잘 그린다고 "영희야! 너는 나중에 커서 뭘 해도 하겠구나. 글을 잘 쓰니 작가가 되든지 화가가 되든지! 굶어죽지는 않겠다!"라는 말씀이 아직도 기억이 납니다. 그 말이 가끔 삶의 기둥이 되어 힘들 때마다 힘이 되어주곤 합니다.

좋은 말이든 나쁜 말이든 우리가 자주 쓰는 말에 아이의 미래가 좌우됩니다. 긍정적인 말 한마디의 힘은 아이에게 긍정의 에너지를 부여하며, 사랑과 격려의 말 한마디가 아이에게는 큰 힘이 됩니다. 사소한 말일지라도 부모가 응원하는 말은 메아리가 되어 자녀에게 돌아옴을 잊지 마세요! 내가 하는 말이 정말 가치가 있는지 항상 생각해 보고 말하세요! 아이는 긍정의 힘을 얻고 쑥쑥 자랄 것입니다.

"힘들어도 잘 참는 걸 보니 정말 대견해."
"괜찮아. 누구나 실수할 수 있어!"
"넌 할 수 있어! 용기를 내!"
"고마워. 엄마가 미안해! 네가 옳았어!"
"그래, 너는 지금 잘하고 있어!"
"이것이 너의 장점이구나!"
"참으로 자기 생각을 잘 표현하는구나!"
"알맞은 목소리로 얘기해 줘서 고마워!"
"엄마는 널 믿어!"
"그래, 그것은 정말 용기 있는 행동이야!"

가능하면 아이의 기분을 밝게 해주는 말을 사용하면 좋습니다.

"와, 정말 잘 어울리는데!"
"정말 고맙다, 나에게 많은 도움이 되었어!"
"정말 잘했어! 아주 좋아."
"너는 웃는 모습이 참으로 예쁘구나!"
"참 좋은 친구를 두었구나!"
"오늘도 즐거웠니?"
"힘들어도 잘 참고 있으니 대견해!"
"네 덕분에 일을 쉽게 할 수 있었어!"
"네가 즐거워하니 엄마는 많이 기쁘단다!"

이런 식의 대화는 아이를 기분 좋게 만들어 줍니다.

그럼에도 불구하고 가끔은 아이에게 해서는 안 되는 언행을 하는 경우가 있습니다.

아이의 행동을 확대 해석하는 경우가 종종 있습니다. 아이를 자기도 모르게 윽박지르는 경우도 있습니다. 지나가는 말로 빈정거리면 아이는 금방 알아차립니다. 화가 난 김에 무심코 뱉은 욕은 아이에게 큰 상처를 줍니다. 아이는 비교당하는 것을 매우 싫어합니다. 아이에게 꼬치꼬치 심문하듯이 대화하면 아이는 말문을 닫습니다. 아이와 대화를 하다가 갑자기 화제를 바꾸면 아이는 당황하게 됩니다. 아이는 너무 과한 칭찬을 받으면 부담감을 가집니다. 그렇다고 지나친 동정과 위로는 아이를 나약하게 만들 수 있습니다.

이처럼 부모로서 삼가야 할 사항은 꼭 염두에 두어야 하지만, 이것을 반대로 바꾸기만 하면 가장 민주적이고 현명한 부모가 될 수 있습니다. 그러므로 가능하면 아이에게 자신감을 심어주는 긍정적인 말을 사용하도록 합니다.

진심을 담아 전하는 긍정의 한마디는 아이의 하루를 시작함에서부터 희망의 불씨가 되어 행복한 감정을 만듭니다. 또한 그 긍정의 에너지는 보다 더 나은 가능성을 발견해 주는 동기부여의 원동력이 될 수 있습니다.

아인슈타인의 고등학교 생활기록부에는 '이 학생은 무슨 공부를 해도 성공 가능성은 없다'라고 적혀 있었습니다. 하지만 아인슈타인의 어머니는 "네가 다른 아이와 똑같다면 너는 결코 천재가 될 수 없어"라는 격려의 한마디로 아인슈타인의 천재성을 발휘하게 만들었다고 합니다.

흑인에다 가난하며 눈까지 보이지 않았던 미국의 흑인 가수 스티비원더도 모두가 그를 불행하게 쳐다보고 애처로워했지만, "넌 우리 반에서 어떤 친구도 갖지 못한 능력을 갖고 있어. 네겐 특별한 귀가 있지 않니?"라고 말해준 선생님이 있었기에 노래하는 천재 음악가가 된 것입니다.

"다 잘 될 거야!"라고 속삭이는 긍정 한마디의 힘이 아이에게는 더없이 큰 에너지가 되며 응원이 될 것입니다. 기회가 있을 때마다 칭찬하고 격려하는 힘은 전염성이 있어 또 다른 누구에게 전해지며 위안을 줄 것입니다.

자! 오늘부터 내 아이의 숨은 에너지의 힘을 찾아내어 긍정의 말 한마디로 시작하세요! 그러면 아이의 눈부신 미래가 보일 것입니다.

올바른 훈육은 아이를 혼내며 가르치는 것이 아니라 잘 가르쳐 잘 길러낸다는 뜻입니다. 세상을 살아가는 데 꼭 필요한 규칙과 질서를 배우고, 그 선을 넘었을 때는 자신의 행동에 책임을 지는 것을 배우게 하는 것이 올바른 훈육입니다.

● 아이에게 자신감을 심어주는 말

1. 엄마를(아빠를) 도와줘서 고마워!
2. 잘 되지 않을 수도 있어, 누구에게나 그래.
3. 하고 싶은 말이 있으면 확실하게 하렴!
4. 그것은 참 재미있는 생각이구나!
5. 잘 참았어. 정말 훌륭해!
6. 남과 다르다는 건 매우 특별한 거야!
7. 할 수 있다고 마음먹었으면 무엇이든지 해봐!
8. 누구에게나 힘든 순간은 있어!
9. 어떤 경우에도 너는 잘 할 수 있을 거야.

● 아이에게 할 수 있는 격려의 말

1. 와! 정말 좋아졌구나!
2. 네가 배우는 것을 즐거워하니까 참 기쁘구나!
3. 네가 한 일이 너무 고맙구나!
4. 너는 잘 해낼 거라고 나는 믿어!
5. 그 문제를 잘 해결할 수 있을 거야, 분명히.
6. 지난번보다 ~~을 더 잘하게 되었네!
7. 네가 나에게는 많은 도움이 되었어.
8. 네 생각에 그것이 옳으면 그렇게 하렴!
9. 그 일을 오랫동안 생각한 것 같구나. 잘했어!

출처 : 다고 아키라(2005). 아이를 빛나게 하는 금쪽같은 말.

제2장

아이와 마음을 나누다 정서로 말해요!

애벌레의 꿈

손녀와 함께 산을 오르던 할아버지가
발걸음을 멈추더니 나뭇잎 하나를 집어 들었습니다.
"얘야, 이걸 좀 봐라. 뭐가 보이니?", "애벌레요."
"언젠가는 아름다운 나비가 될 거란다.
자세히 들여다보렴~
이 애벌레가 나비가 될 거라는 표시가
어디 있는지 말해주겠니?"

손녀는 그 표시를 찾으려고
애벌레를 유심히 살펴보았습니다.
"할아버지. 이게 나비가 될 거라는
표시는 아무 데도 없어요."

그러자 할아버지가 말했습니다.

"바로 그거다!

너의 모습에서 네가 앞으로 무엇이 될지

사람들에게 알려주는 표시는

아무것도 없단다.

네가 무엇이 될 수 있는지를 아는 사람은

오직 너 자신뿐이란다.

애벌레처럼 말이지."

나비의 꿈을 잃지 않고 꾸준히 노력하다 보면

어느 순간 날개를 달고 푸른 창공으로 날아오르게 됩니다.

"이건 상자야, 네가 원하는 양은 그 안에 있어."
나는 매우 놀라지 않을 수가 없었다.

어린 비평가의 얼굴이
환하게 밝아지고 있었기 때문이다.

"이게 바로 내가 원하던 거예요!"

『어린왕자』 중에서

엄마는 아이의 정서반응 모델입니다

아이는 태어나면서부터 부모와 상호작용을 합니다. 기쁨과 즐거움, 사랑과 행복과 같은 느낌을 경험하는가 하면, 불쾌감, 분노, 슬픔, 두려움, 공포와 같은 감정도 경험합니다. 이때 긍정적인 정서와 부정적인 정서를 느끼는 모델은 바로 엄마가 나타내는 정서입니다.

아이는 엄마가 보여주는 정서표현을 통해 새로운 세계에 대한 의미를 이해하고 탐색해 나갑니다. 또한 아이는 자신이 스스로 느끼고, 표현하고, 이야기하며 정서를 키워나갑니다. 낯선 사람이 다가오면 엄마의 정서반응을 먼저 살피고 쳐다보며 어떻게 반응하고 대처해 나가는지를 배우게 됩니다.

아이의 정서발달은 엄마와의 적절한 반응으로부터 시작하여, 신체

발달적인 측면과 가족과의 관계 형성, 개인의 특성이나 성향의 차이, 환경이나 문화 등의 요인에 영향을 받습니다. 아이의 바람직한 정서 발달을 위하여 부모는 어떠한 태도를 지녀야 할까요?

정서는 아이가 느끼는 애착, 자기보호, 자아개념, 감정조절 등 다양한 감정이 있는데, 이러한 정서는 주로 양육자와의 상호작용 속에서 발달하게 됩니다. 출생 시의 기본 정서(기쁨, 슬픔, 무서움, 분노)는 기초적인 상태로 머물지만, 아이의 인지발달과 사회적 경험에 따라 정서는 점점 세분화됩니다. 정서는 단순한 감정이라기보다는, 다른 의미 있는 사람들과의 관계를 형성하고 유지하는 삶의 전 과정에서 나타나는 중요한 요소입니다.

가정에서 부모는 아이의 정서표현에 반응적이고 수용적인 가족 분위기를 형성하는 것이 중요합니다. 예를 들면, 아이가 화가 나서 문을 발로 걷어차는 행동을 했을 때, 무조건 수용하라는 것이 아닙니다. 문을 걷어찬 아이의 행동은 어떤 마음 때문이었는지 그 마음을 읽어주고 관심을 기울여 주라는 것입니다. 아이의 잘못된 행동에 들어 있는 마음의 상태, 기분과 감정의 변화, 아이의 감정을 읽어주고 이해하여 적절히 지도하라는 것입니다.

아이의 성공적인 미래를 위해 아이가 자신의 정서를 적절히 조절하고 잘 표현할 수 있도록 이끌어 주어야 합니다. 아이 행동의 내면을 좀 더 깊이 들여다보세요! 이유 있는 아이의 행동을 통제하기보다는, 자신의 행동을 책임지기 위한 바람직한 방향으로 지도하는 것이 중요합니다.

정서조절능력이 아이 행동에 영향을 미칩니다

아이의 행동에는 정서를 조절하는 정서조절능력이 중요하게 작용합니다. 정서를 조절하는 능력은 아이의 성장과 발달에 어떻게 영향을 미칠까요?

〈표 2〉 정서지능의 구성요소

구성영역	구성요소
정서의 지각 및 평가와 표현	• 자신의 정서를 인식하는 능력 • 타인의 정서를 인식하는 능력 • 정서를 표현하는 능력 • 표현된 정서를 구분하는 능력
정서에 의한 사고 촉진	• 정보에 집중하는 능력 • 정서를 통한 판단과 기억능력 • 정서변화를 이해하는 능력 • 정서를 활용하는 능력
정서 이해와 분석 능력	• 정서를 이해하는 능력 • 정서의 결과이해 능력 • 복잡한 정서를 해석하는 능력 • 정서변환 이해 및 인식능력
정서 조절	• 정서를 개방적으로 받아들이는 능력 • 정서에 개입하고 관여하는 능력 • 자신과 타인에 대한 정서감지능력 • 정서 평가관리능력

출처 : 정옥분 외(2008).

첫째, 또래관계의 유능성에 상당한 영향을 미칩니다.

둘째, 정서조절능력이 높은 아이는 다른 사람의 정서에 대한 공감 능력이 높습니다. 다른 사람의 어려운 상황에 민감하게 반응해주고, 자신의 입장보다 다른 사람의 입장을 먼저 이해하는 친사회적 성향이 뛰어납니다.

셋째, 의사소통능력을 유능하게 발달시킬 수 있습니다.

넷째, 자신의 능력에 적합한 목표설정 능력이 뛰어나 학업성취도에 큰 영향을 미치며, 내적 동기가 되는 자기인식능력이 뛰어납니다(자료 : 김이영 외, 2014).

〈표 3〉 연령별 정서발달의 특징

연 령	정서발달의 특징
3~4세	• 죄의식, 수줍음, 분노를 표현한다. • 감정상태를 표현하는 어휘를 사용한다. • 고통 없는 대상에 관심을 돌려 정서를 조절한다.
5~6세	• 동성친구를 선호한다. • 정서의 원인과 결과를 표현한다. • 영아기 때의 분리불안과 애착행동이 감소된다.
7세	• 시간이 지나며 감정은 희석되고 사고가 정서를 통제한다는 것을 이해하게 된다. • 동시에 두 가지 감정을 느끼는 것이 가능함을 이해한다.

출처 : Bukatko, D., & Daehler, M. W.(1998).

〈표 4〉 긍정과 부정의 감정 단어

긍정적 감정 단어			부정적 감정 단어		
행복해	반가워	포근해	괴로워	걱정스러워	피곤해
훌륭해	기분 좋아	굉장해	불행해	신경질 나	슬퍼요
멋져요	기뻐요	편안해	창피해	외로워	속상해
자신 있어	사랑스러워	신난다	불안해	따분해	답답해

출처 : 김영희 외(2012).

01

나에게만 관심을 주세요!

"엄마, 오늘은 뭐하고 놀아요?"

"나와 어디 놀러 갈 거야?"

4세인 지수는 오늘도 엄마와 놀아달라고 이른 아침부터 조르기 시작합니다. 아직 설거지도 해야 하고 집 청소도 해야 하고 할 일은 태산 같은데, 혼자뿐인 지수는 이렇게 엄마에게 보채며 놀아달라고 합니다. 겨울 동안 바깥놀이를 못할 땐 엄마는 더 힘이 듭니다. 할 일이 많고 바쁜데 아이가 계속 놀아달라고 할 때는 지치게 됩니다. 그러나 아이의 입장에서 보면, 아직은 엄마와 노는 것이 더 좋고 편해서 자신이 하고 싶은 욕구를 채우려 하는 것이니 인정해 주세요! 새로운 공간적인 환경이나 장난감도 중요하지만 함께 놀아줄 대상이 필요합니다.

아직 이 시기는 또래와의 관계가 원만하지 않은 시기라서 부모가 아이와 함께 충분히 놀아주는 것이 필요하며, 또래집단과 관계를 맺고 사회적 욕구를 충족시켜 나가도록 도와주어야 합니다.

만약에 첫째 아이이며 동생이 있다면 엄마에게 더 보챌 수도 있습니다. 여전히 자신도 아직은 부모의 따뜻한 사랑이 필요한 어린아이일 뿐입니다. 5세경이 되어 차츰 친구관계가 원만해지면 엄마와의 놀이에서 친구와의 놀이가 더 재미있고 즐겁다는 것을 알게 됩니다. 그러면 엄마와 노는 것보다 친구와 노는 것이 더 흥미로워질 것입니다.

아이 마음 들여다보기

나에게만 관심을 달라는 아이의 마음, 원인이 무엇일까요?

- 아직은 자기중심적인 사고를 가지고 있어요.
- 아이는 부모가 원하는 대로 해주기를 원해요.
- 엄마는 최선을 다했다고 하지만 아직 사랑이 부족해요.
- 부모 사랑을 독차지하고 싶어요. 동생만 좋아하는 것 같아요.
- 항상 남보다 앞서고 싶어요(경쟁심리).
- 5세쯤 되어 친구를 사귀게 되면 엄마로부터 독립해요.

이렇게 해주세요!

아이의 마음을 읽어주고 존중받고 있다는 느낌을 갖게 해주세요

엄마가 아이와 함께 더 놀아줄 상황이 되지 않는데, 아이가 더 놀고 싶어서 자꾸 조른다면

"더 놀고 싶은가 보구나. 하지만 엄마는 지금 동생을 돌봐야 하는데 어떻게 하면 좋을까?"

"엄마하고 동생하고 같이 놀면 안 될까?"

"이 일을 마칠 때까지 혼자서 책 읽고 놀 수 있지? 엄마 일이 10분 있으면 끝나니까 그때 함께 놀자꾸나!" 하고 아이에게 의견을 물어줍니다.

먼저 아이의 마음을 읽어주고 질문을 던져 함께 해결할 방법을 함께 찾아봅니다. 부모가 아이의 감정을 읽어주면 아이는 존중받고 있다는 확신을 갖게 되고 심리적인 안정감을 느낄 수 있습니다.

미리 시간계획을 짜서 함께 하도록 합니다

아이와 함께 미리 시간계획을 짜세요. 아이와 함께 놀아주는 시간, 그림책을 읽는 시간, 놀이터 가는 시간, 블록놀이 시간 등 혼자 하는 놀이나 엄마와 함께 하는 놀이로, 시간을 잘 활용하는 계획을 짜도록 하세요. 그러면 자연스럽게 원칙과 규칙을 배우게 되며 기다리는 법을 배우게 됩니다.

아이는 시간이 될 때까지 엄마를 기다리는 인내심을 자연스럽게 배우게 되고, 기다리는 시간을 조바심이 아닌 즐거움으로 느끼게 될 것입니다.

다른 일과 놀이를 함께 하며 자부심과 책임감을 느끼게 합니다

엄마하고 노는 것도 재미있지만 다른 것을 하는 것도 즐겁다는 감정을 느끼게 해주세요! 아이가 흥미를 느낄 수 있으며 스스로 할 수 있는 다른 놀이를 찾아보게 합니다. 또한 이 시기의 아이는 자신이 하는 일에 자부심을 가지고 "내가 할 거야"라고 이야기하곤 합니다. 동생이 있다면 동생을 돌보는 일을 큰아이와 함께 하세요!

"엄마를 도와주고 싶어? 그러면 동생 돌보는 것을 도와줄 수 있겠니?"

"아유! 동생을 예뻐하는구나!"

재미도 느끼면서 스스로 할 수 있다는 자부심을 가지고 더 열심히 하게 됩니다. 동생이 사용한 휴지를 버리게 하거나 보행기를 흔들어 주게 합니다. 동생이 좋아하는 장난감을 가져와 놀게 하는 등 작은 심부름을 시키는 것도 좋습니다. 엄마 말대로 잘 하고 나면 칭찬을 해주고, 동생을 잘 돌보고 놀아주었을 경우에도 자부심을 가질 수 있도록 격려해 줍니다. 자신의 행동으로 인해 칭찬과 격려를 받으면 뿌듯해하고 즐거워하며 아이는 행복을 느끼게 됩니다.

미리 약속 시간을 알려주어 준비하고 마무리할 수 있게 합니다

만약 아이와 놀기로 약속했다면 미리 준비하고 마무리할 수 있게 하세요!

"청소하고 와서 배고프니까 엄마가 밥을 먹을 수 있게 30분만 기다려

주겠니? 그 후에 엄마랑 재미있게 놀자."

"이제 엄마가 할 일을 다 끝냈으니 10분 후에 엄마랑 지수랑 한 시간 동안 같이 놀자."

하며 현재 상황을 이야기해 주고 기다려야 하는 시간을 알려줍니다.

또한 약속한 놀이 시간도 끝나기 10분 전에 미리 알려줍니다. "우리가 약속한 놀이 시간이 이제 10분 남았네!"라고 말해주어 아이에게 놀이를 끝낼 시간을 알려줍니다. 이런 과정이 반복되면 아이에게 시간 개념도 생기게 되고, 미리 준비하거나 마무리할 수 있는 태도도 형성됩니다.

Mom's 톡!

02

엄마와 떨어지기 싫어해요

"으앙! 싫어, 난 안 갈래! 엄마 보고 싶단 말이야!"

"엄마가 우리 민호 어린이집에 잘 가면 장난감 사줄게!"

3월 입학 초기에 처음 원에 등원하는 모든 가정의 아침 풍경입니다. "오늘 원에 잘 다녀오면 엄마는 맛있는 거 해놓고 널 기다리고 있을 거야!"라고 일러주면서 어르고 달래서 보내려고 하니 마냥 힘이 듭니다. 스쿨버스를 타는 곳에 미리 나가서 아이가 불안감을 갖지 않도록 차분히 이야기하며 아이를 설득하는 모습은 학기 초기 엄마들의 익숙한 풍경입니다.

아이가 엄마와 잠시라도 떨어져 있지 않으려는 분리불안 현상은 엄마를 지치게 합니다. 애착발달 단계에 따르면 아이의 성장과정에서 나타나는 분리불안은 애착형성이 이루어지는 시기인 6~7개월경에 나타나서 14~20개월경에 절정을 이루고, 유아기를 거치면서 점차 감소합니다. 36개월까지의 안정애착은 이후의 정서발달에 큰 영향을 미치게 됩니다.

이 시기에는 자칫 엄마의 불안이 아이에게 불안을 학습시키고 있는 것은 아닌지 되돌아보고, 아이에게 불안감을 낮추어 주는 것이 우선입니다. 엄마는 아이에게 긴장을 감소시키고 편안한 안정감을 얻을 수 있도록 해주어야 합니다. 아이에게 부모에 대한 믿음과 신뢰가 바탕이 되어야 합니다. 분리불안 자체는 정상적이니 이런 분리불안은 아이가 스스로 해결할 수 있도록 기회를 주는 것이 좋습니다. 대개의 경우는 원에 입학한 지 보름 정도가 지나면 거의 사라져서 잘 적응하게 됩니다.

아이 마음 들여다보기

엄마와 떨어지기 싫어하는 아이 마음, 원인은 무엇일까요?

- 부모와 안정적인 애착형성이 먼저예요.
- 갑자기 다가오는 새로운 공간과 낯선 환경이 부담되어요.
- 외부와 접촉이 없거나 또래와 노는 경험이 부족해요.
- 예전에 이별의 아픔이나 부모와 떨어질 수밖에 없었던 부정적인 경험이 있어요.
- 아이를 과잉보호하는 가정환경이거나 엄마가 아이에게 의존해요.
- 둘째가 태어나서 사랑을 충분히 받지 못해요.
- 집단이나 사회생활에서 필요로 하는 규칙에 미처 적응하지 못해요.

Tip 분리불안 증상

분리불안은 유아들이 발달하는 과정에서 일정 시기 동안 경험하는 정상적인 발달과정의 하나입니다. 양육자에 대한 과도한 집착을 보이는 경우에 나타나는 일시적인 현상으로 이후 스스로 조절할 수 있게 됩니다.

이렇게 해주세요!

입학 전에 미리 마음의 준비를 시켜주세요

원에 입학하기 조금 전이라면 미리 마음의 준비를 시켜주세요! 입학이 예정되어 있는 유치원이나 어린이집 주위를 둘러보고 좋은 점을 이야기해 주고, 주위 환경을 익히게 하면 미리 익숙하게 하며 낯선 느낌을 덜 수 있습니다.

"원에 가면 친구들도 많고 선생님과 재미있는 놀이를 할 거야!"

"동물원에 견학도 가고, 소풍도 가고, 여러 가지 활동들이 많아!"

"친구들이 우리 민호를 좋아하고 같이 잘 놀아줄 거야!"

라고 긍정적인 분위기를 만들어 줍니다.

분리불안은 아이가 성숙해 가는 과정에서 필수적으로 거치는 현상입니다. 엄마와 떨어지는 초기에는 어느 정도의 스트레스가 있을 수 있습니다. 하지만 성장을 위해서 극복해 가야 하는 과정임을 인정하고 적응기간이 필요함을 이해해야 합니다.

엄마와 헤어질 때는 다정하지만 단호하게 합니다

아이들은 엄마와 떨어질 때 심하게 울다가도 엄마와 떨어진 후에는 언제 그랬냐 싶게 잘 놀기도 합니다. 이런 경우는 헤어지는 연습이 미처 되지 않아서입니다. 아이가 우는 모습을 보고 마음이 약해져서 당황해하거나 데리고 돌아가는 경우는 더 힘들어지게 됩니다. 아이는 울면 원에 가지 않고 부모와 있게 되는 것으로 알기 때문이죠. 헤어질 때 작별인사는 부모 자신의 인사법을 만들어서 하세요!

"이따가 보자. 우리 강아지!"

"바이바이. 이쁜 아들" 하며 아이가 안심할 수 있게 밝은 표정으로 자연스럽게 합니다. 또한 되도록이면 짧고 간단하게 하는 것이 좋습니다.

"잘 다녀와. 3시에 다시 만나자!"고 하며, 다정하게 웃는 모습으로 보내주세요! 때로는 다정하지만 단호한 태도가 필요합니다. 원에는 꼭 가야 한다는 원칙을 정하고 따르게 해야 합니다.

아이와 떨어져 있는 시간 동안 엄마가 무엇을 하는지 알려줍니다

아이가 어린이집이나 유치원에 잘 다니게 하려면 심리적으로 안정이 되도록 해야 합니다. 정작 아이는 떨어지고 나서 잘 노는데, 오히려 부모 자신이 불안해하는 경우가 있습니다. 그런 불안심리가 보이면 아이는 더욱 떨어지는 것을 힘들어할 수 있습니다. "엄마가 3시에 너를 데리러 올 거야!" 하며 아이에게 말해주고 그 시간에 다시 만날 수 있다는 것을 미리 알려줍니다.

그리고 그동안 엄마가 무슨 일을 하는지 설명해 줍니다. 그래서 엄마가 아이를 기다리고 있다는 심리적인 안정감을 가지면, 아이는 친구들과의 관계는 물론 원에서의 활동도 좋아지게 됩니다.

만약 귀가했을 때 다른 양육자(할머니, 베이비시터)가 아이를 맞이하게 되는 경우에는

"엄마, 아빠가 오늘은 모임이 있어 늦게 온다고 했지?"

"엄마, 아빠가 어딜 간다고 했지? 그동안 누가 돌봐준다고 했지?"라고 한 번 더 되묻는 질문을 하며 아이에게 확신을 시켜줍니다.

유아교육기관에 대한 긍정적인 피드백이 중요합니다

아이가 어린이집이나 유치원에 입학하기 전후, 다니는 기관에 대한 긍정적인 이야기를 해주는 것이 중요합니다. 선생님, 친구, 원 활동 등에 대해 아이가 어떤 생각을 가지고 있는지 이야기를 들어보고, 원에서 하는 행동이나 역할에 대해 애정을 갖도록 칭찬해 줍니다. 또한 교사나 원에 대한 부정적인 이야기는 아이 앞에서는 삼가고, 긍정적인 이야기와 피드백을 하는 것이 중요합니다. 엄마의 습관적인 말이나 행동이 아이에게 원이나 교사에 대한 부정적인 영향을 미칠 수 있습니다.

새로운 환경에 대해 아이에게 이야기하고 상황을 잘 들어줍니다

아이는 작고 사소한 일에 마음이 상하고 아파할 수 있으므로 부모는 아이가 유치원(어린이집)이라는 작은 사회에서 있었던 일을 귀담아 잘 들어주어야 합니다. 하지만 무조건 수용만 하고 다그쳐도 안 됩니다. 원의 환경이나 친구와의 갈등은 없는지, 새로운 규칙에 잘 적응하는지 등에 대해 함께 이야기합니다.

"응? 그때는 어떻게 해주고 싶었어?"

"우리 민호가 속상했겠구나! 하지만 친구들과 놀다 보면 사소한 다툼

은 있을 수 있단다!"

하며 아이의 마음을 읽어주고, 나아가서 친구들과의 작은 다툼을 잘 극복하고 해결하는 사회적인 기술을 익힐 수 있도록 도와주세요. 이런 과정을 통해 아이들은 가정을 떠난 처음 만난 사회에서의 필요한 행동 규범을 익힐 수 있습니다. 하지만 지나치게 다그치거나 구체적으로 이야기를 강요하는 것은 주의하세요! 이것이 반복되면 아이는 엄마에게 다시는 이야기하고 싶지 않을 수 있습니다.

스스로 할 수 있도록 하며, 타인과의 접촉을 늘려주세요

엄마가 너무 알아서 다 해주는 경우에는 자신감을 잃고 낯선 상황을 더 두려워할 수 있습니다. 아이가 밥 먹는 것부터 옷 입는 것까지 스스로 해서 자신감을 얻을 수 있도록 해주세요!

또한 놀이터도 자주 가고, 주변의 또래 친구들과도 어울릴 수 있는 기회를 마련해 주세요. 동네 주변을 다니면서 주위의 상황을 자연스럽게 접하며 배울 수 있도록 합니다. 처음에는 시간을 줄이다가 차츰 늘려가면서 적응력을 키울 수 있도록 하는 것이 중요합니다.

03

모든 일에 의욕과 자신감이 없어요

"이거 재미 없어요, 이제 안 할래요!"

6세 준호는 매사에 의욕이 없어 하고 수동적입니다. 놀이상황에도 수동적이며 자유선택활동에서도 그다지 흥미를 느끼지 못하고 관심이 없는 듯합니다. 이 시기의 아이라면, 호기심이 한창 무르익을 때입니다. 하지만 자기 생각대로 잘 되지 않을 때는 의욕과 자신감을 잃고 이내 싫증을 느낄 수 있습니다.

매사에 모든 일이 심드렁하고 재미가 없는 준호에게 어떻게 하면 하고자 하는 의욕을 생기게 할 수 있을까요?

부모가 완벽주의 성향이 있거나, 지나치게 보호하거나, 부모가 주도적으로 결정해서 아이를 따라오게 하는 것은 아이의 자발적인 의욕을 상실하게 합니다. 부모는 늘 지지와 격려를 하면서 아이에게 '힘들지만 도전해 보자!'는 식으로 의욕을 북돋울 수 있어야 합니다. 아이도 '무언가 의미 있는 일'이라고 느껴질 때 도전하고 싶은 의욕이 생깁니다.

아이 마음 들여다보기

모든 일에 의욕과 자신감이 없는 원인은 무엇일까요?

- 부모가 아이를 과잉보호하여 하고자 하는 의욕이 없어요.
- 협동심이 없고, 겁이 많고 조그만 일에도 걱정이 많아요.
- 부모가 너무 완벽주의 성향이며 잔소리를 많이 해요.
- 부모가 엄격하고 권위적이에요. 그래서 아이에게 너무 많은 일을 시켜요.
- 부모가 아이가 말하고자, 하고자 하는 것을 무시해요.
- 아이에 대한 기대가 높아 부담으로 다가와요.
- 부모의 생각대로 주도해서 가르치고 판단하고 알아서 결정해요.
- 아이 스스로 해낸 작은 성과물에 실패했거나, 스스로 선택하거나 실천한 경험이 부족해요.
- 부모가 아이의 사소한 행동에 비난이나 지적, 꾸중을 많이 해요.

이렇게 해주세요!

아이를 있는 그대로 존중하고 원하는 것에 귀담아 들어주세요

아이는 자신을 바라보는 부모의 눈빛과 태도에서 자존감을 형성하게 됩니다. 웃는 모습과 표정, 긍정적인 생각과 칭찬할 수 있는 자세로 아이가 원하는 것이 사소한 것이라도 귀 기울여 들어주세요! 만약 무시하고 지나친다면 아이의 주도성을 저하시키고 스스로에 대한 소중한 가치를 형성하지 못할 수 있습니다. 자신을 사랑하고 인정하는 사람이 많을수록 아이는 더 잘 할 수 있는 자신감을 가집니다. 또한 주도성은 자신이 한 일이 외부에 어떤 영향을 미치게 되는지 알고 자존감을 느끼게 해주는 중요한 역할을 합니다.

엄마의 실패담을 들려주며 반복적인 도전 경험을 격려해 주세요

아이에게는 부모가 항상 잘했다는 이야기를 하는 것보다 자신도 어릴 적에는 잘 못하는 부분이 있었는데, 자신감을 가지고 열심히 하니까 잘하게 되었다는 경험을 이야기해 주는 것도 좋습니다.

"엄마는 어렸을 때 부끄러워 남 앞에서 이야기를 잘 못 했어!

피아노도 잘 못 쳤어!" 하면

엄마는 무엇이나 잘한다고 느끼는 아이에게 엄마의 부족한 점을 이야기하게 되는 것입니다. 그러면 아이는 의외로

"나는 잘할 수 있는데?" 하며 의기양양해하거나 자신감을 나타낼 수 있습니다.

아이가 스스로 할 수 있는 일을 찾아보면 얼마든지 있습니다. 혼자 밥 먹기, 머리 빗기, 심부름하기, 옷 입기, 양치질하기, 신발 신기, 준비물 챙기기 등 아주 기본적인 생활습관부터 찾아보고, 사소한 행동이라도 성취해 나가는 기쁨을 맛보게 해줍니다. 이것은 아이 스스로 반복적으로 성취해 나가는 즐거움을 느끼게 해주고, 자신감과 용기를 갖게 해줍니다.

아이가 이룬 성과를 표(달력)로 만들어 기록해 주세요

아이가 시도하는 것에 대해서는 그 성과가 눈에 보이게 하는 것이 좋습니다. 예를 들어, 읽기로 한 책을 열 권을 읽었거나, 인사를 잘 했거나, 피아노 연습을 열심히 하였다면, 그 기록을 달력에 남기거나 표를 만들어 칭찬해 줍니다. 그러면 작은 성취감을 가지고 계속 하게 됩니다. 아이는 이런 것이 눈에 보이면 "내가 해냈구나!", "열심히 하니까 되네?" 하며 뿌듯한 자부심을 갖고 더 열심히 하게 됩니다.

부모가 선택과 결정을 하지 말고 아이의 선택을 믿고 기다려 주세요

부모는 늘 어른들의 방식대로 아이가 따라오기를 바랍니다. 부모의 결정이 좋은 방향이라고 여기고 아이의 의견을 무시할 수 있습니다. 이것이 반복되면 아이는 스스로 할 일을 선택하거나 결정할 기회를 놓치게 되고, 아이에게 있었던 주도성도 사라지게 만듭니다. 그러므로 부모는 아이 스스로 선택하고 주도적으로 할 수 있도록 믿고 기다려 주어야 합니다!

부모와 함께 모험적인 활동을 하세요

부모와 함께 탐험심이나 모험심을 기를 수 있는 활동을 해보세요. 여행을 자주 가서 주변 환경을 보고 배우고 사람들과 어울리게 한다든지, 등산이나 운동을 함께 하는 것도 좋습니다.

이러한 활동으로 아이가 노력하고 즐거워하는 모습을 볼 수 있으며, 미처 발견하지 못했던 아이의 잠재능력을 발견할 수 있는 좋은 기회가 될 수 있습니다. 하지만 아이가 적성에 맞지 않아 하고 힘들어하면 다른 방법으로 아이가 좋아하는 활동을 찾아보세요!

사소한 행동도 즉시 반응해 주고 잘하는 것에 초점을 맞추세요

아이는 자신의 존재감을 드러내고 싶어 합니다. 작고 사소한 행동이라도 즉시 기뻐해 주고 긍정적으로 반응해 주세요! 부모가 아이의 행동에 민감하게 반응하지 않고 무심하게 되면 아이는 자신의 존재감을 가치 없는 것으로 여기게 됩니다. 설사 별 대수롭지 않은 표정이나 몸짓이라도, 동생이나 또래에게 하는 행동이나 어떤 대상에 접근하는 방법까지 관심을 가지고 잘 관찰합니다. 아주 작고 사소한 것이라도 성취한 것에 대해 즉시 인정해 주세요! 그러면 아이는 자신이 영향력 있는 존재라고 느끼고 의욕적으로 행동합니다. 또한 아이가 못하는 것보다 잘하는 것에 초점을 맞추어 칭찬하고 격려해 주세요. 그러면 아이는 다른 것도 잘할 수 있다는 신념과 용기를 가지게 됩니다.

할 일이 너무 많은 건 아닌지 살펴보고 조절해 주세요

엄마의 욕심에 한꺼번에 여러 가지 활동을 주면 아이는 부담을 느끼고 체력도 떨어지며 흥미를 잃게 됩니다. 시작만 하고 끝을 맺기도 어렵고, 선택한 일에 부담이 되면 의욕도 떨어지게 됩니다. 당연히 책임감도 사라지게 됩니다. 할 일이 너무 많은 것은 아닌지 살펴보고 한 번에 한 가지씩 성공하여 성취감을 느낄 수 있도록 해주세요!

자신의 생각을 표현하도록 하고 적절하게 개입해 도와주세요

아이에게 자신의 생각을 표현하고 말할 수 있는 기회를 많이 주세요! 아이의 사소한 질문이나 표현 등에 적극적으로 관심을 보여줍니다. 또한 아이의 판단과 생각을 존중해 줍니다.

"네 생각은 어떠니? 그래? 그렇구나. 그렇게도 생각할 수 있겠구나!" 하며 아무리 하찮은 생각이라도 가치 있는 모습으로 받아들이세요!

아이에게는 자신의 생각이 누구에게라도 의미 있고 소중하게 받아들여지는 경험이 중요합니다. 아이가 할 수 있는 일도 지나치게 간섭하거나 돕게 되면, "난 이것도 할 수 없어, 난 무능력해"라는 생각을 가지게 됩니다. 아이 스스로 무언가를 할 수 있도록 기다려 주세요! 그리고 꼭 도와야 하는 순간에 개입해서 도와주세요!

결과보다는 과정을 칭찬하고 격려해 주세요

아이가 이루어 내고자 하는 것이 사소할지라도 열심히 하고 있는 과정을 칭찬하고 격려해 주세요! 무엇이든 시도해 볼 수 있도록 격려하고 지지해 주는 것이 중요합니다. 그리고 결과에 상관없이 도전한 것과 애쓰고 노력한 부분을 격려하고 인정해 주세요. 그래야 결과에 못지않게 과정에도 열심히 노력하게 됩니다.

Mom's 톡!

● 자신감을 키워주는 방법

• 작은 성공 경험을 인정하고 칭찬한다. "잘했어, 멋있는데?"
• 아이 생각을 물어본다. "이렇게 한번 해볼까? 어떻게 생각해?"
• 끼어들어 대신 해주지 않는다. "혼자서도 잘할 수 있을 거야!"
• 실패에 민감하게 반응하지 않는다. "괜찮아! 실수할 수도 있어!"
• 다소 부족하더라도 스스로 시도할 기회를 주도록 한다.
• 늘 최고라는 인식보다 열심히 하면 잘할 수 있다는 과정을 알게 하고 지지한다.

04

주의력이 부족해요!

"상현아, 밥 먹자!"
"상현아, 책 읽자!"

엄마가 연신 부르고 이야기하지만 휴대폰 게임에 빠져 있는 상현이는 엄마의 밥 먹으라는 말이 귀에 들어오지 않습니다. "상현아! 이제 그만 보고 책 읽어야지!" 하는 엄마의 말이 들리지 않습니다. 상현이는 엄마의 말을 건성으로 흘려듣고 대충 대답하기 일쑤입니다. 그리고 몸을 꼼지락거리며 잠시도 가만히 못 있고 행동이 늘 들떠 있는 듯 산만합니다.

주의력은 어떤 한 가지 일에 마음을 집중시키는 힘입니다. 이것은 내외부의 자극을 자신의 의지에 따라 원하는 곳이나 필요한 곳에 쏟는 능력입니다. 아이가 뭔가를 배우거나 탐색을 할 때 또는 자신이 원하는 일을 할 때는 의식적으로 주의를 기울입니다.

이런 주의력이 결핍되면 기억력이나 사고력이 저하되고 학습능력이 떨어지므로 아이 자신도 불안해하고 긴장하게 됩니다. 주의력의 향상은 원하는 정보에 관심을 기울여 지속적으로 거기에 집중할 수 있게 하고, 적절한 시기에 다른 곳으로 관심을 옮겨갈 수 있게 해줍니다.

아이 마음 들여다보기

주의력이 부족한 원인은 무엇일까요?

- 부모의 양육태도가 지나치게 허용적이에요.
- 부모의 간섭이 많아 할 일과 해서는 안 될 일의 경계를 몰라 불안해요.
- 주변이 어지럽고 산만해요.
- 재미있는 한 가지(게임 등)에 빠져 있어요.
- 부모의 지시를 듣지 않고 습관적으로 대답만 해요.
- 자신이 해야 할 일보다 하고 싶은 일에만 몰두해요.
- 아이의 영양상태가 불균형이거나 몸이 피곤해요.
- 한꺼번에 해야 할 일을 너무 많이 시켜요.

이렇게 해주세요!

아이가 좋아하는 놀이부터 하게 합니다

많은 부모들이 아이를 어떻게 다루는 데만 몰두하고 있어 아이가 정작 어떤 놀이에 재미와 즐거움을 느끼는지는 관심이 없을 수 있습니다. 어떤 놀이에 1분 이상 집중하지 못하고 다른 놀이로 눈을 돌린다면 아이가 가장 좋아하는 놀이부터 시켜봅니다. 그리고 아이의 눈과 귀를 동시에 자극하는 놀이(운동, 책, 그림 그리기, 블록놀이)부터 시작해서 집중할 수 있게 해줍니다. 또한 할 일은 간단명료하게 알려주되 즉시 시작할 수 있도록 도와줍니다.

사소한 일이라도 규칙을 만들어 정해줍니다

주의력이 부족한 아이일수록 생활 속의 규칙은 중요합니다. 주의력이 부족할수록 이런 부분에 더 주의를 기울여야 합니다. 예를 들면, 장난감이나 방을 함께 정리하면서 습관화되도록 배우게 합니다. 처음에는 분명 집중하지 않고 함께 하지 않으려 하는 경향이 많습니다. 하지만 조금씩 하다가 차츰 시간이나 분량을 늘려가면서 정리와 규칙을 지키게 합니다.

블록은 블록 통에, 책은 책꽂이에 정리하게 하는 등 규칙을 정해서 지키게 하는 것입니다. 작고 사소한 일이라도 규칙을 정해주고 잘 지켰을 때는 무한한 칭찬과 격려를 해줍니다. 규칙을 정해서 지키게 하는 것이 습관화되면 아이의 산만함을 덜어줄 수 있고 불안감도 해소해 줄 수 있습니다.

아이와 의논하여 간단한 생활계획표를 만듭니다

책 읽는 것, 장난감을 가지고 노는 것, 친구들과 노는 것, TV 보는 시간 등 매일 하는 일의 목록과 시간을 적어서 생활계획표로 만들면 올바른 생활습관을 형성하는 데 도움을 줍니다. 그러나 부모가 일방적으로 계획을 세우면 아이가 자발적으로 행동하기 어려우며, 하고자 하는 의욕을 떨어뜨리게 됩니다. 그러므로 아이와 의논해서 스스로 지킬 수 있는 계획을 세우도록 해주는 것이 중요합니다. 가능하면 조금 의도적으로라도 차분하게 아이가 잘 적응할 수 있는 것을 많이 하게 하고, 아이가 더 잘할 수 있는 것이 무엇인지 찾아서 개발하도록 도와주세요.

한 번에 한 가지씩만 하게 하세요

아이는 어른처럼 한꺼번에 여러 가지를 할 수가 없습니다. 식사든, 놀이든, 학습이든 한 번에 한 가지씩만 하게 하는 것이 좋습니다. 책을 읽는데 TV를 켜놓고 보게 하거나, 아니면 부모가 함께 TV를 보거나, 놀이하는데 그림을 그리게 하는 등 여러 가지 활동을 하다 보면 주의가 산만해지기 마련입니다.

할 일을 말할 때는 구체적이고 정확하게 정해주세요

아이에게 할 일을 말해줄 때는 "시계의 긴 바늘이 8에 올 때까지 책 읽기를 마치자"는 식으로 구체적이고 정확하게 알려줍니다. 타이머나 손목시계를 착용해서 아이가 지켜야 할 시간이 실제로 얼마나 지났는지 아이가 알도록 하는 것도 도움이 됩니다. 또한 정해진 시간에 할 일을 마친다면 아이는 성취감을 느낄 수 있고 앞으로의 약속도 잘 지키게 됩니다.

주변 환경을 정리 정돈해 주면 주의집중에 도움이 됩니다

가능하면 주변 환경을 산만하지 않은 분위기로 만들어 주세요! 아이 방의 환경도 한번 살펴보고 자칫 주의가 산만해질 수 있는 부분은 제거하고 차분하게 변화를 주는 것이 바람직합니다.

벽지는 너무 복잡하고 들떠 있는 분위기는 아닌지, 장난감이나 책류 등이 잘 정리가 되어 있는지를 점검해 봅니다. 또한 매일 아이가 가지고 놀 수 있는 장난감 수는 적당하게 변화를 주어 조절해 주고, 환경도 정리 정돈하여 깔끔하게 해줍니다.

되도록이면 자극적인 환경이나 사람이 많이 붐비는 곳은 가급적 피하는 것이 주의집중에 도움이 됩니다.

작은 일을 성취하면 칭찬하고 격려해 주세요

"우리 상현이가 이것을 다 했구나! 대단해. 정말 열심히 했구나!" 등 칭찬과 격려를 생활화합니다. 작은 일이라도 어떤 일을 정해진 시간 내에 끝내면 아이는 만족감과 함께 스스로 책임감을 느끼게 됩니다. 사소한 행동에도 부모의 칭찬과 격려를 더하면 아이는 더 큰 성취감과 자신감을 가집니다.

아이 옆에서 지시를 내리고 훈련을 겸한 격려를 해주세요

주의력이 부족하면 부모가 믿는 대로 기대하는 대로 아이가 행동하지 않을 수 있습니다. 그래서 많은 부모들이 이를 인정하지 않으려 하고 스트레스를 받을 수 있습니다. 어느 한쪽의 부모만 노력한다고 되지 않으며 부모와 가족이 함께 도와서 해결하도록 합니다. 자주자주 아이 옆에서 훈련을 겸한 활동의 지시를 내리고 그것을 성취할 수 있도록 격려를 해주세요!

처음에는 아이 혼자 두는 것보다 엄마가 옆에 있을 때 주의를 기울일 수 있습니다. 처음보다 차츰차츰 주의를 기울일 수 있는 시간을 아주 조금씩 늘려가는 훈련을 해보세요. 처음에는 1~2분 정도, 그 뒤에는 4~5분 정도로, 아이가 집중하는 시간을 늘려나가면서 훈련하는 것이 필요합니다. 잘하고 있을 때는 인정해 주며 격려하는 것을 잊지 마세요!

● ADHD의 3대 특성

수업시간에 마음대로 교실을 드나드는 아이, 숙제할 때 잠시도 집중을 못하는 아이… 주의력결핍장애는 소아정신과 환자들 중 3분의 1을 차지할 만큼 흔하며, 최근 1~2년 사이 많은 부모들에게 알려졌습니다. 만약 ADHD(주의력결핍 과잉행동장애)라면, 무엇보다 부모의 양육태도가 달라져야 합니다.

· **과활동성**
몸을 잠시도 가만히 있지 않으며 쉴 새 없이 움직이고, 지속적으로 몸을 움직인다. 필요 이상의 손장난과 필요 없는 질문을 많이 한다.

· **부주의**
선택적인 주의와 지속적인 주의집중에 어려움을 느끼고, 방해되는 자극을 무시하며 집중을 유지하지 못한다. 방해자극에 쉽게 무너지며 실수가 잦다.

· **충동성**
결과를 생각하기도 전에 먼저 행동부터 한다. 그 순간의 욕구를 상황을 고려하지 않고 표현한다. 반칙을 하거나 차례를 지키지 않고, 친구를 밀치거나 당황스럽게 한다.

● 주의력결핍 과잉행동장애의 DSM-5 진단기준

다음과 같은 증상이 발달수준에 맞지 않고 부적응하게 6개월 이상 지속될 때

1) 주의산만 증상(6가지 이상)

(1) 학업, 일, 기타 활동 중 세심한 주의를 기울이지 못하거나, 부주의한 실수를 자주한다.
(2) 과제 수행이나 놀이 중 주의집중을 지속하는 데 어려움을 자주 갖는다.
(3) 대놓고 이야기하는데도 듣지 않는 것처럼 보일 때가 자주 있다.
(4) 지시를 따라오지 않거나 학업, 심부름, 업무를 끝내지 못하는 경우가 자주 있다.
(5) 과제나 활동을 조직적으로 하는 것에 곤란을 자주 겪는다.
(6) 지속적으로 정신을 쏟아야 하는 일을 피하거나 싫어하거나 거부하는 것이 자주 있다.
(7) 과제나 활동에 필요한 것을 자주 잃어버린다(㊐ 숙제, 연필, 책 등).
(8) 외부 자극에 의해 쉽게 주의가 산만해진다.
(9) 일상적인 일을 자주 잊어버린다.

2) 과잉행동[(1)~(6)]/충동성[(7)~(9)] 증상(6가지 이상, 17세 이상인 경우 5가지 이상)

(1) 손발을 가만두지 않거나, 자리에서 꼬무락거린다.
(2) 가만히 앉아 있어야 하는 상황에서 자주 자리를 뜬다.
(3) 적절하지 않은 상황에서 지나치게 달리거나 혹은 기어오른다.
(4) 조용하게 놀거나 다른 활동을 하지 못하는 경우가 자주 있다.
(5) '쉴 새 없이 활동하거나' 혹은 마치 '모터가 달린 것 같이' 행동하는 경우가 자주 있다.
(6) 지나치게 말을 많이 하는 경우가 자주 있다.

(7) 질문이 끝나기도 전에 대답해 버리는 경우가 자주 있다.
(8) 차례를 기다리는 것을 자주 어려워한다.
(9) 다른 사람이 하는 것을 중단시키거나 무턱대고 끼어드는 경우가 자주 있다.

- 이러한 증상이 12세 이전에 있어야 한다.
- 적어도 2군데 이상(예 학교, 유치원, 어린이집과 가정)에서 이러한 증상이 존재해야 한다.
- 사회활동, 학업, 직업 기능의 방해 혹은 질적 저하의 명백한 증거가 있어야 한다.

출처 : APA(2013).

05

의존적인 아이, 주도성을 키워주세요!

"이거 나는 못해요!"

"못 그려요! 선생님이 좀 해주세요!"

의존적이고 자주성이 떨어지는 민호는 무엇을 시키면 스스로 하려고 하지 않고 부모나 선생님에게 해달라고 합니다. 자신의 의지로 아무것도 할 수 없고 누군가 대신 해주기를 기다립니다. 밥을 제때 먹지 않는다고 5세가 될 때까지 밥그릇을 들고 다니며 떠먹여 주고, 준비물을 챙기지 못하는 것이 안타까워 일일이 챙겨서 가져다주어야 합니다. 아이가 어설프지만 신발끈을 매고 스스로 신발을 신을 수 있는 것, 자신의 준비물 가방을 스스로 챙기는 것 등 사소한 것부터 자율적으로 할 수 있게 여유를 가지고 기다려 주는 태도가 중요합니다.

아이 마음 들여다보기

의존적인 아이, 주도성이 부족한 원인은 무엇일까요?

- 부모가 알아서 앞장서서 다 해줘요.
- 아이가 무슨 일을 하든지 전혀 관심이 없어요.
- 부모가 너무 엄격하고 예의를 중시해요.
- 환경이 아이에게 의존하도록 만들어져 있어요.
- 부모가 지나치게 과잉보호해요.
- 아이에게 강압, 통제, 비난을 자주 해요.
- 아이의 실수를 일일이 간섭해요.
- 부모가 다 해주어 아이에게 할 기회를 주지 않아요.
- 기질상 수줍음이 많고 느린 기질을 타고났어요.

이렇게 해주세요!

아이의 호기심과 탐색을 도와주는 공간을 마련해 줍니다

아이는 신체의 모든 감각기능으로 여러 가지 사물을 통해 감각적으로 만지며 듣고 느끼며 배웁니다. 아이의 호기심과 탐색을 도와주려면 꼭 비싼 장난감이 아니라 가정에서 가장 쉽게 접근할 수 있는 물건도 좋습니다. 예를 들면, 두드려서 소리를 낼 수 있는 물건, 마음껏 찢을 수 있는 신문지 등을 준비해서 놀게 합니다. 그래서 아이의 욕구를 충족시킬 수 있는 공간에서 마음껏 탐색할 수 있고 어지럽혀도 좋은 공간을 마련해 주세요! 아이가 위험하지 않도록 정리하는 것은 좋지만, 주변을 너무 깨끗이 정리 정돈해 놓게 되면 아이의 자유로운 호기심과 탐색을 방해할 수 있습니다.

실수를 허용해 주고, 반복과 모방을 통해서 배우게 해주세요

사람은 누구나 실수하면서 배웁니다. 처음부터 잘할 수는 없습니다. 유아기는 반복과 모방을 통해서 배운다는 것을 잊지 마세요. 작은 활동이라도 실수를 통하여 배우고, 성취를 통하여 다른 욕구를 유발하고, 또 다시 도전할 수 있는 힘을 얻게 됩니다. 그러나 실수라고 하여 모든 상황을 허용해서는 안 됩니다. 허용해도 되는 것이 있고 안 되는 것이 있다는 것을 명확하게 알려줍니다. 실수를 지나치게 허용하게 되면 자기 중심적인 성향을 극대화시킬 수 있습니다.

열중하여 집중할 때는 방해하지 말고 스스로 하도록 두세요

자기 주도성은 스스로의 선택을 통해 키워집니다. 아이가 무언가에 열심히 열중하고 있을 때 위험한 상황만 아니면 혼자서 할 수 있도록 놔두세요. 대부분의 부모는 이 순간을 넘기지 못하고 조급하게 잔소리를 하며 도와주거나 답을 찾아주려고 합니다. 이것은 부모가 아이의 주도성이나 창의성을 빼앗는 것이며 자칫 무기력에 빠지게 합니다. 아이에게 닥치는 문제를 너무 빨리 해결해 주면 스스로 잘할 수 있다는 자기 효능감도 떨어집니다. 아이는 어른보다 독창적인 생각을 더 많이 한다는 것을 기억하세요!

아이가 선택하고 결정할 수 있는 기회를 주세요

부모에게 자녀는 늘 연약한 아이로 보이기 마련입니다. 그래서 아이가 시도하고 애쓰는 노력들이 가여워 보이고 안쓰러워서 도와주게 됩니다. 그러나 이것은 아이의 주도성과 책임감을 떨어뜨리게 하는 행위가 됩니다. 평소 생활 속에서 작은 일이라도 아이에게도 물어보고 선택권과 결정권을 주도록 합니다. 아이의 선택과 결정이 불안하고 미흡하더라도 그 결정을 함부로 바꾸지 마세요! 아이의 의견도 중요한 역할을 한다는 것을 보여주세요!

그래서 사소한 결정이라도 부모가 먼저 정해주기보다는 아이가 결정할 수 있는 기회를 자주 주면, 이것이 습관화되어 주도성 있는 아이로 성장하게 됩니다. 적당한 범위 내에서 그 선택과 결정권을 아이에게 주도록 합니다.

자신이 선택한 결과에 대해 책임을 지게 해주세요

제시간에 밥을 먹지 않는다고 따라다니며 떠먹여 주지 마세요! 준비물도 챙겨가지 않았다면 스스로의 결과에 대한 책임을 질 수 있도록 그냥 두세요! 유아교육기관에 가지고 갈 준비물을 바구니에 미리 챙겨두게 합니다. 그러나 미처 준비물을 스스로 챙기지 못했을 때는 부모가 가져다주거나 챙겨주지 말고, 그 실패나 손해의 경험을 그대로 맛보게 합니다. 논리적인 체험을 결과를 통해 자신의 행동을 스스로 반성하고 고쳐나가게 됩니다.

자기주도적으로 다양한 경험을 하게 해주세요

자기주도적으로 감각적 경험을 많이 한 아이는 그 감각을 바탕으로 새로운 의미를 만들어 가며 다시 지식을 재구성합니다. 감각으로 의미를 만들면 기억을 더 잘하고, 무의식적인 기억력을 강화합니다. 이러한 자기주도적인 경험의 실패와 성공을 경험하면서 아이는 자신만의 세상을 향해 나아갑니다.

06

한 가지 물건에 집착이 심해요

"나 이 인형 가지고 잘래."

"이 베개 없으면 안 돼. 이거 안고 있을래."

4세 미송이는 자기가 좋아하는 인형을 늘 안고 잠이 들고 만지면서 옆에 둡니다. 자신이 좋아하는 인형이나 이불, 베개 등 좋아하는 물건에 유난히 집착을 합니다.

이렇게 미송이처럼 특정한 물건에 애착을 가지게 되는데, 한 가지 물건에 집착하는 경우는 대개 4세를 전후하여 나타납니다. 그리고 5, 6세를 넘어서면서부터 자연스럽게 사라지는 경우가 많습니다. 이것은 성장 발달의 단계에서 나타는 일반적인 현상입니다.

특히 맞벌이를 하는 부모의 경우 아이가 특정 물건에 대한 애착행동을 나타내기 쉽습니다. 이렇게 일 때문에 엄마의 존재가 없어지면, 아이는 이것이 힘들어서 한 가지 물건에 집착하기 시작하는데, 보통은 유아교육기관에 처음 다니기 시작할 때 접하게 되는 현상입니다. 그러다가 점차적으로 사회성이 형성되고 또래와 상호작용하며 대인관계가 넓어지면서 애착을 가지는 대상이 점점 많아지게 되면 차츰 사라지게 됩니다.

엄마와 떨어지기 시작하면서 보이는 이런 집착 행동은 부모의 아낌없는 사랑과 칭찬으로 안정적인 애착을 형성하는 것이 도움이 되며, 앞으로 아이가 독립심을 가지고 생활하는 데 꼭 필요한 과정입니다. 하지만 성장해서도 집착이 심할 경우는 스트레스를 동반할 수 있으므로 전문가의 상담이 필요합니다.

아이 마음 들여다보기

한 가지 물건에 집착이 심한 원인은 무엇일까요?

- 아이는 엄마와 분리되어 혼자가 되면 특정 물건에 집착을 할 수 있어요.
- 특정한 물건에 특별한 관심을 가질 수 있어요.
- 부모와 떨어져 있는 경험이 있을 때 아이가 특별히 아끼던 물건이 있어요.
- 부모와의 갑작스러운 이별이나 부모에 대한 믿음이 약해졌어요.
- 애착관계가 불안해요.

이렇게 해주세요!

집착의 대상을 인정해 주고 관심을 갖고 같이 놀아줍니다

아이에게 집착의 대상은 좋아하는 인형이나 옷, 가방, 숫자, 심지어 공룡도 될 수 있습니다. 그러나 학령기까지 지속되면 휴대폰, 컴퓨터에까지 쉽게 빠져들 수가 있습니다. 가능하면 생의 초기에 안정적인 애착을 형성하면서 정서불안이 되지 않도록 하여야 합니다.

처음으로 아이에게 나타나는 집착의 대상인 물건이 있다면 우선은 그 물건을 인정해 주세요!

아이는 집착을 보이는 물건이나 대상을 자신과 동일시하기 때문에, 이것을 통해서 아이의 속마음을 읽을 수가 있습니다. 애착물을 통해서 아이가 무엇을 원하는지, 아이가 추구하고자 하는 것이 무엇인지를 알아서 근본적인 원인을 파악하는 것이 중요합니다.

그 후 아이가 어떻게 그 물건을 대하는지 잘 관찰하고 집착의 물건에서 점점 벗어날 수 있도록 더 재미있는 흥밋거리에 관심을 가지게 도와주세요! 혹여 그 물건을 빼앗거나 감추지는 마세요! 그러면 아이의 마음에 상처가 될 수 있습니다. 부모가 어떻게 이해하고 바라보는지의 자세가 중요합니다.

아이에게 더 재미있는 놀이나 새로운 친구를 찾아주세요

한 가지 물건만 가지고 놀기를 고집하더라도 매일 새로운 놀잇감이나 과제를 주도록 해보세요! 처음에는 별로 관심을 가지지 않더라도 차츰 흥미와 관심을 가지게 됩니다. 일단은 기다리면서 지켜보세요. 그리고 그것에 지금 가지고 있는 물건보다 더 관심을 가질 수 있도록 도와주세요! 또한 새로운 친구를 사귀거나 새로운 관심거리를 찾아서 즐거움을 느낄 수 있게 해주면 자연스럽게 집착을 버릴 수 있습니다. 다른 사람들과 교감하며 재미있게 놀게 하려면 부모가 적절히 도와주어야 합니다.

아이가 충분히 사랑받고 있다는 확신을 주도록 합니다

아이가 어떤 물건에 애착 증세를 보이면 부모의 지속적인 애정을 확인시켜 주면서 충분히 사랑받고 있다는 느낌을 가지게 합니다.

'엄마는 나를 정말 좋아할까? 엄마는 너무 바쁜 거 같아. 동생만 좋아하는 것 같아.'

이와 같이 아이가 스스로 자기비하감에 빠져 자존감을 떨어트리지 않도록 아이의 마음을 헤아려 주세요. 물건에 대한 집착은 아이의 마음에 충분히 애착할 대상이 없을 때 나타나는 심리적인 불안현상입니다. 부모로부터 또는 다른 사람으로부터 충분히 사랑받고 있다는 확신을 주도록 하세요.

매일 안아주고 자주 스킨십을 하세요

가정에서 매일 부드러운 접촉을 할 수 있도록 아이를 자주 안아주세요! 포옹과 스킨십이 많아질수록 아이에게 더 가까워집니다. 길을 갈 때도 아이와 손을 잡고 대화를 하며 걸어가고, 품에 안고 눈을 마주 보며 스킨십을 합니다. 엄마와의 따스한 촉감을 통해 '진짜 엄마'의 존재를 확인시켜 안정감을 느끼도록 해주세요! 또한 자주 아이를 쓰다듬어 주고 사랑받는다는 느낌을 가질 수 있도록 해줍니다. 이런 애정 어린 부모의 행동이 아이의 마음에 한 발짝 다가설 수 있습니다. 살을 맞대고 부비는 행동은 마음과 마음을 이어주는 행동입니다. 아이가 원하고 좋아하는 방식으로 매일매일 아이의 마음에 다가서는 스킨십을 해보세요. 그러면 아이는 엄마와 교감하는 것이 더 좋아서 물건에 대한 관심을 점점 줄이게 될 것입니다.

Tip 관심과 사랑을 원하는 아이의 행동

- 부모 스스로 아이에게 충분한 관심과 사랑을 쏟았나요?
- "괜찮아!", "잘했어!", "예쁘다!", "멋져요!" 등의 말로 사랑한다는 것을 확신시켜 주세요!
- 아이와 함께 놀아줄 수 있는 시간을 조금 더 준비하세요!

Mom's 톡!

● 포옹과 스킨십의 효과

1. 심리적인 안정감과 평온함, 무한한 행복감을 줍니다.
2. 서로를 신뢰할 수 있어 치유 효과가 있습니다.
3. 두려움을 완화시키고 용기를 주는 촉진제 작용을 합니다.
4. 우울증을 완화시켜 안녕감을 줍니다.
5. 스트레스를 줄여주며, 긴장된 몸과 마음이 이완되는 효과가 있습니다.
6. 정신을 건강하고 활기차게 만듭니다.

07

무조건 사달라고 떼를 써요!

"엄마! 이거 사주세요!", "저것도 사줘요!"

"이 로봇은 집에 있는 거랑 색깔이 달라요. 사주세요!"

세 살 즈음 아들 민호가 가지고 싶은 물건이 있으면 끝까지 조르는 바람에 어찌나 혼이 났던지… 눈에 보이기만 하면 그냥 지나가지 못하고 사달라고 조르는데 어찌할 수가 없어 당황했던 적이 있습니다. 이렇게 민호처럼 떼를 쓰는 경우는 아직 어리고 언어적인 표현방법이 미숙하여 자신의 욕구를 말로 표현할 수가 없어서 그럴 수 있습니다. 아이가 성장해 감에 따라 점차 사라지는 것이 정상입니다.

흔히 아이가 무언가를 사달라고 떼를 쓸 때, "자꾸 이러면 두고 간다!", "너, 자꾸 이러면 혼나!" 하며, 협박 아닌 협박으로 제재를 시킵니다. 이것은 당장은 효과가 있을지 모르지만, 떼를 쓸 확률이 높아질 수 있습니다. 또한 아이의 이런 행동에 부모가 화를 낸다면 나쁜 감정만 생겨서 오히려 역효과를 낼 수도 있습니다.

아이 마음 들여다보기

무조건 사달라고 떼를 쓰는 원인을 알아볼까요?

- 자기중심적으로 무조건 '내가 원하는 것은 다 가질 수 있다'고 생각해요.
- 아이가 갖고자 하는 욕구가 좌절되거나 욕구 조절이 잘 안 돼요.
- 부모가 아이의 요구와 짜증을 들어주어 부정적으로 강화하는 경우예요.
- 물건이나 사물에 소유욕이 생기는 것은 자아 성장의 일부이기도 해요.

이렇게 해주세요!

다양한 욕구충족 기술을 자연스럽게 익히게 합니다

아이는 세상을 자기중심적으로 보기에 자신이 원하는 것은 다 가질 수 있다고 생각합니다. 그러나 어린 시기에는 부모가 아이의 욕구를 억눌러서 주도성을 떨어뜨리기 쉽습니다.

신생아와 영아기의 경우에는 욕구표현에 항상 민감하게 귀 기울여 주고, 즉시 해결해 주어야 안정적인 애착을 형성할 수 있습니다. 그러므로 아이가 자라면서 점차적으로 욕구를 충족할 수 있는 방법을 자연스럽게 익힐 수 있도록 도와주세요!

무조건 사달라고 조를 때에는 적절하게 협상과 타협을 하세요

무조건 사달라고 떼를 쓰거나 조를 때에는 올바른 훈육이 필요합니다. 아직 감정적으로 미성숙한 단계라 협상과 타협이 힘들 수도 있지만 아이와 적절하게 협상과 타협을 하는 것이 중요합니다.

"이 로봇이 색깔이 달라도 이것과 비슷한 것이 집에 있잖아! 필요하다고 무조건 사는 것은 아니야! 일주일 동안 생각한 뒤에 사야 할지 말지를 정하는 것이 어떻겠니?" 하는 겁니다.

이렇게 협상과 타협이 반복되고 습관화되면 이후 다른 사람과의 관계에서 의견이 다를 때마다 적절히 타협할 수 있는 능력도 갖게 됩니다. 논리적으로 말할 수 있는 습관도 아울러 가지게 됩니다.

계속 떼를 쓰면 단호한 태도로 일관성 있게 하세요

만약 계속 칭얼대거나 울음으로 소란을 피우더라도 굴복하지 말고 잠시 그 자리를 떠나거나, 아이가 관심을 가질 만한 다른 대상을 찾아봅니다. 만약 이것이 부모의 관심을 끌어 만성화되는 행동으로 이어지면 점점 더 힘들어집니다.

"이렇게 사람 많은 데서 울고불고 떼쓰지? 자꾸 이렇게 울면 엄마는 아무것도 들어줄 수가 없어!"

"곧바로 집으로 갈 거야!"라고 단호하게 이야기합니다.

'어? 내가 울고불고 해도 내 말을 들어주지 않네?'라고 깨닫는 순간 아이가 먼저 지쳐서 떼쓰는 행동을 멈추게 됩니다.

이렇게 단호한 태도를 보여주고, 아이에게 부모의 일관성 있는 행동을 보여주는 것이 중요합니다. 이러한 행동이 지속적으로 일관성 있게 이루어진다면, 나중에 가지고 싶은 물건이 생겨도 자신의 의사를 말로 분명하게 표현하게 됩니다.

외출 전에는 미리 규칙을 정합니다

우리 어른들도 무언가를 보면 사고 싶은 충동이 일어나듯이 소비유혹이라는 것이 있습니다. 아이와 시장이나 백화점으로 외출을 하기 전에 미리 규칙을 정해놓는 것도 도움이 됩니다. 만약에 계속 물건을 사달라고 조르면 집으로 즉시 돌아올 것이라고 규칙을 정하고, 그런 상황이 되었을 때는 규칙대로 일관성 있게 행동해야 한다는 것을 명심하세요. 어떤 날은 들어주고 어떤 날은 들어주지 않는다면 아이는 세상을 사는 기본 원칙에 혼란을 겪고, 부모에 대한 신뢰성도 떨어지게 됩니다.

되고 안 되는 것의 허용기준과 원칙이 필요함을 알려줍니다

조용할 때 아이와 함께 원칙을 세우세요! 필요 없는 물건인데도 계속 사야 한다고 조른다면 어떻게 할 거라는 원칙도 아이와 의논 후 함께 세우세요! 생활 속의 규칙을 아이의 의견을 존중하여 함께 만들면 아이 스스로 책임감을 가지고 지키게 할 수 있습니다. 이때 허용해도 되는 것이 있고 안 되는 것이 있다는 기준을 이야기하며 한계와 허용 범위도 알게 하는 것이 중요합니다. 규칙의 기준을 넘었을 때는 부모와 약속한 원칙대로 실천하게 하고, 스스로 자신의 행동에 책임을 지게 합니다.

충동욕구를 잘 참아내면 칭찬과 격려를 해줍니다

아이가 꼭 갖고 싶었던 것을 사지 않고 잘 지나갔을 때, 또한 욕구를 잘 참고 지나갔을 때,

"와. 오늘 우리 민호. 잘 참아주어서 고마워!

다음에 정말로 네가 필요한 것이 있으면 그때는 꼭 살 수 있어!"

그 순간을 이야기하며 약속을 지켜준 것에 대한 칭찬과 격려를 꼭 하도록 합니다. 이 과정이 점차 생활화되고 습관화되면 충동욕구를 잘 참을 수 있는 자기조절력이 강한 아이로 성장하게 됩니다. 나아가서 미래의 더 큰 만족과 보상을 위해 당장의 욕구 충족을 통제할 수 있는 만족지연능력을 함께 키워줍니다. 만족지연능력이 떨어지는 아이는 쉽게 욕구를 참지 못하고 작은 어려움에도 쉽게 좌절하고 포기하는 성향이 있습니다.

● 정적강화와 부적강화

정적강화(Positive Reinforce)

가치 있는 어떠한 것을 제공함으로써 바람직한 행동의 강도와 빈도를 증가시키는 것을 의미합니다. 노트정리를 잘 하는 학생에게 칭찬을 해줌으로써 더욱 노트 정리를 잘 하게 유도할 수 있습니다. 미술시간에 그림을 잘 그린 학생의 그림을 벽에 전시함으로써 자신감을 북돋워 주는 행위도 정적강화입니다. 정적강화물로는 좋은 성적, 게시판에 학생의 작품 부착, 상장, 칭찬과 인정, 격려 등을 사용할 수 있습니다.

부적강화(Negative Reinforce)

바라지 않는 어떤 것을 제거하여 바람직한 행동의 강도와 빈도를 증가시키는 것을 의미합니다. 예를 들면, 어질러 둔 장난감을 치우자 부모의 잔소리가 멈추었을 때, 수업시간에 집중을 잘하면 오늘 청소를 면제해 주겠다고 하는 것과 같이 사용할 수 있습니다. 부적강화물로는 사라짐, 소거, 상처의 치료, 아픔의 사라짐 등으로 싫은 행동(아이의 떼나 짜증)을 피하기 위해 요구를 들어주어 부정적으로 강화시키는 것입니다.

08

화를 참지 못하고 공격적이에요

"야! 죽어버려!", "꺼져!", "싫어! 가!"
"싫어! 안 할 거야!"

7세 동우는 매사에 이렇게 공격적으로 반응합니다. 친구를 자주 때리거나 아무렇지 않은 일에도 불같이 화를 내며 장난감을 던지거나 공격적인 행동을 보입니다. 동우가 자신의 감정을 조절하지 못하고 막무가내로 화를 참지 못하고 공격적일 때 가끔은 어떻게 대처해야 할지 막막해집니다.

동우가 이런 행동을 하는 데에는 부모의 양육태도나 환경에서 비롯된 경우가 많습니다. 평소 부모들의 싸움이나 과격한 행동들이 아이에게 영향을 주게 되는데, 부모의 말과 행동 방식이 어떤지 한번 돌아볼 필요가 있습니다.

부모가 아이에게 올바른 행동을 일관성이 없이 가르치는 경우나 엄격한 규율로 아이의 잘못을 일일이 지적하며 야단을 치는 경우에 아이는 공격적인 성향을 나타낼 수 있습니다. 만 36개월 이전에는 마음을 다스리는 힘이 약하고, 부정적인 감정 조절이 어려우며, 만 36개월 이후부터 좋아지는 경향이 있습니다.

아이 마음 들여다보기

화를 참지 못하고 공격적인 원인은 무엇일까요?

- 아이가 스스로 느끼는 좌절감과 속상함을 적절하게 표현하지 못해요.
- 충동조절을 잘 못해서 생각보다 행동이 앞서기만 해요.
- 폭력적인 미디어 매체를 자주 접해요.
- 까다롭고 예민한 기질을 가졌어요.
- 내 것에 대한 소유욕이 강하고 다른 사람에 대한 배려가 서툴러요.
- 분노를 표현하는 부모의 양육태도에 영향을 받아요.
- 타인에게 모습을 과시하고 싶은 그릇된 우월감을 가지고 있어요.

이렇게 해주세요!

아이가 공격행동을 하기 전에 결과에 대해 생각해 보게 합니다

아이가 공격적인 행동을 하기 이전에 행동이 가져올 결과에 대해 생각해 보도록 합니다. 원하는 결과를 얻기 위해서 무조건 공격성을 드러내는 것은 옳지 않습니다. 아이가 무엇을 요구하거나 조를 때 즉각적으로 바로 허용하거나 금지하기보다는 그에 관해 논리적인 결과를 생각해 보게 합니다.

아이의 공격성을 적절히 활용하는 방법으로 해소하도록 하세요

공격성이 드러났을 때는 억누르지 말고 적절히 공격성을 활용하도록 하세요. 적절한 공격성을 인정하려면 아이의 욕구를 충족할 수 있는 놀이나 운동 등으로 공격성을 해소할 수 있도록 도와주세요! 억압하면 오히려 주눅이 들어 순응하는 착한 아이가 되긴 합니다. 그러나 이런 식으로 착한 아이가 되면 자기의 감정을 억압하기 때문에 우울증으로 발전할 수도 있습니다. 가끔은 공격성을 드러내는 아이의 반응을 인정해 주고, 적극적으로 반응해 주세요. 좋아하는 놀이나 다양한 운동으로 공격성을 풀어나가는 방법을 알게 해주세요!

과잉반응을 하지 말고 단호하게 바로잡아 주세요

공격적인 행동을 보일 때는 과잉반응을 하지 마세요. 부모를 의식하면서 다른 사람을 괴롭히려고 할 때는 관심을 보이지 말고 모른 척 그

자리를 떠나보세요. 공격적인 행동은 발달과정에서 나타나는 현상이지만 바로잡아야 합니다. 자기 뜻대로 되지 않을 때마다 이런 행동을 보인다면 습관적으로 이어질 수 있기 때문에 엄격하고 단호한 태도로 가르쳐 줄 필요가 있습니다.

공격적인 행동을 중단시키고, 상대방의 입장에서 생각하게 합니다

우선은 아이의 공격적인 행동을 중단시키고, 아이의 화를 진정시키는 것이 필요합니다. 만일 진정하지 못하면 아이의 양팔을 붙잡아 겨드랑이에 붙이면서 공격적인 행동을 잠시 멈추게 합니다. 이것은 부모가 힘이 더 세다는 것과 힘으로 문제를 해결할 수 없다는 것을 알아차리게 합니다. 그러면서 아이에게 맞았을 상대방의 마음을 이해하게 하며, 상대방의 입장에서 생각해 보게 합니다.

"네가 화난 것은 인정하지만 남을 때리는 행위는 용서할 수가 없어. 전에는 친구가 동우 너에게 도움을 준 적도 있지 않니?"

이처럼 상대방의 입장에서 생각해 보게 하면 자신이 피해자가 아니고, 친구가 자신을 위해 배려해 주었다는 것을 알게 됩니다.

마음껏 뛰놀게 하고 스트레스를 풀게 해주세요.

아이라고 해서 스트레스가 없는 것이 아닙니다. 아이가 보이는 과잉행동은 강렬한 자극을 추구함으로써 각성된 상태를 조절하려는 노력일 수도 있습니다. 아이가 놀이(공놀이, 축구놀이, 점토놀이, 모래놀이, 흙놀이, 물감놀이 등)나 동적인 활동을 통해서 스트레스를 해소할 수 있게 도와주세요. 스트레스를 해소하면 공격적인 성향에서 너그러운 성향으로 자기 통제력을 키울 수 있도록 변화할 수 있습니다.

집안에 생각할 공간을 준비해 두고 잠시 행동을 멈추게 하세요

아이가 화가 났을 때, 그 당시에는 충분히 설명해도 진정되지 않습니다. 잠시 정색을 하고 엄격한 태도로 하던 행동을 멈추게 합니다. 그리고 평소 집안 한쪽 구석에 말없이 앉아 생각할 수 있는 의자나 공간을 마련해 둡니다. 잠시 혼자 생각의자에 앉아서 10분 정도 조용히 앉아 있게 하여 아이가 감정을 스스로 누그러뜨리도록 합니다. 그런 다음 아이가 자기의 행동을 스스로 되돌아볼 수 있는 기회를 줍니다. 하지만 여기에서 주의할 것은 방문을 닫거나 방을 어둡게 하면 아이는 불안감과 두려움에 휩싸여 반성은커녕 더 힘들어진다는 것입니다. 장난감이 많은 환경에 생각의 공간을 두는 경우에도 그곳에서 놀이를 하게 되어, 부모는 잊어버리게 될 수 있습니다. 아이가 부모를 볼 수 있고 놀잇감이 없는 곳이 바람직합니다.

이것은 평소 부모와의 신뢰관계가 잘 형성되어 있거나 부모의 일관성 있는 양육태도가 뒷받침되어 있어야 수월하게 지켜질 수 있습니다.

평소 신뢰감 형성과 단호한 태도가 중요합니다

상황을 이해하도록 설명해 주거나 부득이 생각의자를 이용할 때는 부모의 단호하고 엄격한 태도가 중요합니다. 간혹 벌을 서는 아이의 모습이 안쓰러워 상황을 빨리 종료시키고자 하면 부모의 마음이 쉽게 풀어지는데, 이렇게 되면 아이의 행동을 수정하기가 어렵게 됩니다. 아이가 바람직한 행동을 배울 기회를 빼앗는 결과가 될 수도 있습니다. 아이의 문제행동을 바로잡고자 함은 이후의 바람직한 행동을 위한 것이므로 무엇보다 부모의 일관성 있는 태도가 중요합니다.

● 공격성

아이의 공격행동의 목적이 무엇인지 파악하고 목적에 따라 적절하게 대처하는 것이 중요합니다. 공격성의 유형을 알아볼까요?

도구적 공격성

어떤 목표를 성취하기 위하여 친구를 공격해서 목적을 이룹니다. 이런 공격성은 공격성을 일으키는 요인을 제거하여 줄이거나 비공격적인 환경을 만들어 주는 것이 중요합니다. 이런 도구적·신체적 공격성은 6~7세가 되면 의사소통의 발달과 함께 점점 줄어듭니다.

적대적 공격성

누군가를 해치려는 의도를 가진 공격행동으로, 아이 내면에 부정적인 감정과 억눌림, 분노, 화가 많다는 것을 의미합니다. 아이가 자신의 억압된 정서를 표출하며 불안한 부정적인 감정을 해소할 수 있도록 해주세요. 부모의 지속적인 관심과 사랑, 그리고 감정이입의 기회를 주어 상대방의 입장에서 생각해 보게 합니다. 놀이나 신체 동작활동을 장려하면 좋아질 수 있습니다.

방어적 공격성

아이 마음이 불안하여 위협이나 좌절에 대처하기 위한 반응입니다. 예를 들면, 가장 가까운 엄마나 할머니에게 함부로 공격하며 대드는 것으로, 매번 자신의 요구가 좌절되고 부모의 권위에 위협을 느낄 때 나오는 반항적인 순종으로 방어적인 공격성을 보입니다. 부모와의 긍정적인 스킨십이나 상호작용이 도움이 됩니다.

〈표 5〉 아이의 성장 발달과 공격성

연령(만)	공격성
2세 이전	6개월 된 영아도 팔을 흔들고 발로 차고 등을 구부리는 것으로 화를 표현한다. 의도적 · 도구적 공격성이 나타나기 시작한다.
2~3세	때리고 밀치는 등 물리적 공격적인 행동이 나타난다. 외부대상에게 공격적인 의도로 행동할 수 있지만 그 행동이 상대방을 아프게 할 수 있다는 생각은 하지 못한다.
3~6세	공격성이 최고조에 다다른다. 특정 대상에게 화를 내며 그를 아프게 하려는 의도가 있다. 놀리고, 흉보고, 욕하며, 상대방을 위협하고, 발차기, 물어뜯기, 때리기, 비명 지르기 등 거칠고 다듬어지지 않은 행동을 보인다. 대체로 도구적 공격성이다.
6세 이후	적대적 공격성으로 변하며, 신체를 직접 때리는 행동은 줄어든다. 욕하기, 말싸움하기, 거절하기 등과 같은 언어적 · 심리적인 공격이 늘어난다. 친구에게 한 대 맞은 것보다 모욕당했다고 느끼는 감정과 정서에 더 큰 상처를 받는다.

출처 : 조혜수(2009).

쉬어가기

오드리 햅번의 유언

벨기에에서 태어난 한 예쁜 소녀가 있었습니다.
정치적인 문제로 집을 나간 아버지를 피해 소녀와 어머니는
네덜란드와 영국을 떠돌며 가난하게 살았습니다.
아사 직전에 이웃에게 발견돼
겨우 목숨을 건졌는데,
그녀를 살린 것은
유니세프의 구호 빵 한 덩이였습니다.

그렇게 위기를 극복하고
성장한 소녀는
세계적인 영화배우가 되었는데,
그녀가 바로 오드리 햅번입니다.

“어린이 한 명을 구하는 것은 축복입니다.
어린이 백만 명을 구하는 것은 신이 주신 기회입니다.”
그녀는 유니세프 친선대사로서
전 세계 어린이들을 위해 열정을 아끼지 않았습니다.
이런 그녀의 헌신적인 희생 덕분에 유니세프에
기부하는 사람들도 많아졌습니다.

그녀는 아래와 같은 유언을 남기고 63세의 일기로
아름다운 생을 마쳤습니다.

아름다운 입술을 갖고 싶으면 친절하게 말하라!
사랑스러운 눈을 갖고 싶으면 사람들에게서 좋은 점을 보라!
날씬한 몸매를 갖고 싶으면 네 음식을 배고픈 사람과 나눠라!
아름다운 머리카락을 갖고 싶으면 하루에 한 번
어린이가 손가락으로 네 머리를 쓰다듬게 하라!
아름다운 자세를 갖고 싶으면
너 혼자 걷고 있지 않음을 명심하며 걸어라!

사람들은 상처에서 치유되어야 하고
낡은 것에서 새로워져야 하며
병에서 회복되어야 하고
무지함에서 교화되어야 하며
고통에서 구원받고 또 구원받아야 한다.
결코 누구도 버려서는 안 된다.

기억하라
도움의 손길이 필요하다면
네 팔 끝에 있는 손을 이용하면 된다.

더 나이가 들면
손이 두 개라는 사실을 알게 될 것이다.
한 손은 자기 자신을 돕는 손이고
다른 한 손은 다른 손을 돕는 손이다.

오드리 햅번이 아들에게 한 말입니다.

제3장

아이와 보고 나누다
행동으로 말해요!

잘못된 행동의 숨은 의도를 파악하세요!

아이의 행동을 이해하기 위해서 유전적인 관점과 환경적인 관점에서 이야기를 합니다. 유전적인 관점은 아이의 타고난 기질, 성격, 성향 등이며, 환경적인 관점은 아이의 주변을 둘러싸고 있는 인적·물리적인 환경적 요인에서 보는 관점입니다.

아이가 성장하면서 그 과정에서 모든 행동은 발달단계에 비추어 일시적으로 나타났다가 다시 사라지곤 하는데, 바람직하지 않은 행동이 지속적으로 나타나는 경우가 있습니다. 이렇게 바람직하지 않은 행동을 지속적으로 할 때에는 부모의 관심을 끌려는 행동에서부터 앙갚음, 무능력 보이기 등의 행동으로 나타날 수 있습니다.

이러한 행동은 분명히 이유와 목적이 있음을 이해하고 살펴볼 필요가 있습니다.

첫째, 아이는 부모의 감정을 알아보고 어떻게 대처할지 생각합니다. 엄마는 내가 이런 행동을 하면 어떨까? 이럴 때 내가 뭐라고 해야 할까?

둘째, 아이는 잘못된 행동을 수정하려는 엄마의 반응을 살피면서 엄마의 태도를 관찰합니다. 엄마가 이렇게 하면 안 된다고 했는데, 내가 만약 이렇게 하면 엄마는 뭐라고 할까? 엄마는 어떻게 할까?

결국 잘못된 행동을 하는 이유 중의 하나는 그 행동에 대한 부모의 반응이 무엇인지 알아보는 것입니다. 그리고 자신이 하는 잘못된 행동이 문제가 된다는 것도 알고 있습니다. 하지만 아직은 스스로의 요구를 적절하게 전달하는 방법이 서툴러서 아이는 가장 쉬운 잘못된 방법으로 행동을 표현하는 것입니다.

따라서 부모는 아이의 잘못된 행동의 행동 그 자체보다는 잘못된 행동 이면에 숨은 의도가 무엇인지를 파악하는 것이 중요합니다. 그리고 그렇게 행동을 할 수밖에 없는 원인을 파악하여 아이의 의도하고자 하는 마음을 읽어주고, 아이가 어떻게 행동하는 것이 바람직한지를 지도해 줄 필요가 있습니다. 바람직한 지도는 부모가 스스로 문제상황을 어떻게 해결하는지 보여주는 것이 가장 좋습니다(자료 : 이경우 외, 2010).

● 문제행동 전, 전반적인 원칙을 제시하세요!

1. 아이 행동을 제한하기

되는 행동과 안 되는 행동의 한계를 분명히 알려주고, 이유를 설명해 준다. "밥을 먹을 때는 자리에 앉아서 먹어야 한다. 왜냐하면 그래야 음식이 목에 걸리지 않는단다."

2. 아이에게 부모가 원하는 기대치를 분명히 전달하기

"10분 후에 정리할 거야. 그때까지 마무리하렴!"

3. 바람직한 행동을 했을 때 고마움 표현하기

"엄마를 도와서 정리해 줘서 고마워!"

4. 아이의 행동을 관찰하여 인식하기

초기에 문제행동을 관찰하여 바로잡기가 쉽습니다. 민감하게 관찰하여 이 행동을 왜 하는지 살펴보아서, 그 후에 개선이 되었는지를 관찰하는 것이 다음 행동지도에 도움이 됩니다.

출처 : 대구시교육청(2014).

논리적인 결과를 체험하게 합니다

아이의 그릇된 행동을 그만두게 하고 올바른 행동을 하도록 지도하기 위해서는 지금까지 해왔던 방식에서 과감히 탈피해야 합니다. 여러 가지 방향과 지침이 있겠지만, 중요한 것은 아이에게 잘못된 행동에 대한 논리적인 결과를 체험하게 하는 것입니다.

❖ 아이에게 논리적인 결과를 체험시키는 요령

① 아이에게 조건부 선택권을 주세요!

"네가 ~하면, 너는 ~할 수 있단다. 어떻게 할까?"

② 단호한 어조로 일관성 있게 말하세요!

(화를 내거나 큰소리치지 않는다)

③ 아이가 취한 행동에는 결과나 의무를 반드시 부과한다고 확실하게 말하세요!

"너는 ~하거나 또는 ~하여야 한다.

네가 ~ 하면, ~~한 결과가 있을 거야!"

④ 아이가 부모를 시험해 본다는 사실을 꼭 기억하세요!

예 민호는 원에서 돌아오면 자신의 가방, 옷, 양말을 거실에 아무렇게나 놓아둔다.

"민호야, 네가 원에서 돌아오면 반드시 네 가방과 소지품을 정리해 놓아라. 옷은 걸어두고, 양말은 빨래 바구니에 넣어라. 그렇지 않으면 네 물건들을 버리거나 빨지 않고 그대로 둘 거야. 어떻게 할까?"(출처 : 홍경자 외, 2013)

잘못된 행동	아이에게 부과한 논리적 결과는?	아이의 반응은?	다음에는 어떻게 보완하면 좋을까?

출처 : 홍경자 외(2013).

강점을 키워주는
4단계 기법을 활용하세요!

아이는 누구나 각자 저마다의 강점을 가지고 있습니다. 아이의 강점에 대해서 관심을 가지고 인정해 주세요. 그러면 그 분야에 대해서 뛰어난 발전과 가능성을 가지게 됩니다. 하지만 부모가 그 강점에 관심이 없다면 점차적으로 사라져 강점이 무엇인지조차 알 수 없습니다. 항상 아이에게 관심을 가지고 지켜보세요. 부모의 세심한 관찰이 무엇보다 중요합니다.

❖ 내 아이의 강점을 키워주는 4단계 방법

① 1단계 : 강점으로 키워야 할 부분을 찾아보세요.

② 2단계 : 아이가 잘 하고 있는 부분을 부모의 기대수준에 미치지 못하더라도 인정하고 격려해 주세요.

③ 3단계 : 다음 단계로 조금씩 발전하여 나아가도록 용기를 주세요. 일보 전진하고 이보 후퇴하는 방법으로 나아갑니다.

④ 4단계 : 아이가 긍정적인 방향으로 계속 나아갈 때마다, "아주 잘했어!", "정말 멋지구나!", "대단한데?"라는 말을 많이 해주도록 하세요.

출처 : 홍경자 외(2013).

01

행동이 너무 느려요

"민호야! 아직 멀었어?"

"언제까지 기다려야 돼?"

제 아이 민호도 어릴 때부터 행동이 느렸습니다. 또래보다 생일이 늦은 탓도 있었지만, 여러 가지 면에서 느린 민호를 보면서 가끔은 속이 상할 정도였습니다. 밥을 먹는 것도 느리고, 원에 갈 때도 늑장을 부려서 애가 탔습니다.

이렇게 느린 아이들은 매사에 소극적이고 의존심이 많을 수 있는데, 기질상의 이유도 있지만 부모를 무서운 존재로 여기는 경우가 많습니다. 기질적으로 느린 경우는 반응도 느리기 때문에, 서두르거나 다그치면 더 우왕좌왕하게 됩니다.

그러므로 아이에게 너무 많은 것을 기대하지 말고, 아이가 정서적으로 우울하거나 적응을 못하여 의욕이 떨어져 있는지 살펴주세요! 그리고 아이가 좀 더 빠르게 행동하기를 원한다면 먼저 부모가 본보기가 되어야 함을 잊지 마세요!

아이 마음 들여다보기

또래보다 행동이 느린 원인은 무엇일까요?

- 아이가 스스로 알아서 잘하기를 바라는 등 부모의 기대가 너무 커요.
- 시간 개념이 부족하여 매일 반복되는 일상의 순서를 기억하지 못해요.
- 몇 시에 시작하여 언제 마쳐야 하는지 아이가 알지 못해요.
- 기질적으로 느린 경우는 반응도 느리다는 것을 이해하세요.
- 아이 행동을 과잉보호하거나 잘 하게 하려는 욕심에 부모가 따라다니며 잔소리를 해요(반발심에 더 느리게 행동해요).
- 신체적으로 지치고 힘들어요(건강상의 이유).
- 의욕이 떨어져 우울해서 느릴 수 있어요.

이렇게 해주세요!

많은 것을 기대하지 말고 한 번에 한 가지씩 요구합니다

부모는 아이에게 요구한 것을 아이가 잘할 것으로 기대합니다. 그러나 이 시기는 시간 개념이 부족하여 아이가 일을 다 처리하지 못합니다. 그러므로 할 일을 두서없이 나열하지 말고 한 번에 한 가지씩 시간을 알려주며 정해주는 것이 중요합니다. 아이는 일을 한꺼번에 이야기하면 부담스러워하고 짓눌리게 됩니다. 매일 반복되는 일상이라 잘할 것 같지만 아이는 그것을 기억하지 못할 수도 있음을 이해해야 합니다. 한 번에 한 가지씩만 요구하고, 그것을 잘 이루어 내면 꼭 칭찬해 주는 것이 좋습니다.

아침을 행복하고 긍정적인 기분으로 시작하게 하세요

"굿모닝, 좋은 아침! 우리 민호 잘 잤어? 이쁜 아들 민호가 있어 엄마는 참 행복하단다!" 하며 따스한 스킨십으로 아이를 깨웁니다. 저는 아침에 눈을 뜨면 항상 아이들 방부터 들여다보곤 했습니다. 기분 좋은 인사로 시작하며 밤새 안녕한지 확인합니다. 꼭 안아주고 싶은 우리 아이의 모습은 이 세상 모든 엄마의 기쁨입니다. 이렇게 아침은 모든 일의 시작이며 긍정적인 기분으로 시작하여 눈뜨는 일이 즐겁고 새롭기를 바랍니다. 아이가 유쾌한 기분으로 하루를 시작할 수 있도록 기분 좋은 말과 인사로 아침을 맞이하게 해주세요. 이것이 습관화되면 부모 자신의 아침도 행복해집니다. 매일 반복되다 보면 아무리 느리다 해도 자연스럽게 일찍 일어날 수 있겠죠?

가족의 생활주기를 삼십 분 정도 앞당겨 시작합니다

일상생활 습관은 바꾸기 힘들지만, 가족 전체가 시간을 조금씩 앞당겨 보세요. 아이의 느린 행동을 변화시키고자 한다면, 가족 전체의 생활주기를 하루에 삼십 분 정도라도 일찍 시작합니다. 그래서 여유를 갖고 시작할 수 있도록 습관화시켜 주세요. 그러면 아이도 자연스럽게 여유를 가지고 시작할 수 있습니다. 그러나 신체적으로 아이가 피곤해하지 않도록 배려하는 것도 중요합니다.

아주 작은 행동에도 성공의 자부심을 느끼게 해주세요

아이가 스스로 주도적으로 뭔가를 이루어 내고자 시도할 때는 충분히 응원해 주세요! 작은 성취감이 자부심을 느끼게 할 수 있고 행동의 변화를 가져올 수 있습니다. 아주 기본적이고 습관적인 행동, 예를 들면 옷을 스스로 찾아서 입었거나 준비물을 스스로 챙겼을 때, 비록 도와주었더라도 아이가 이룬 작은 성공에 대해 자부심을 느낄 수 있도록 격려합니다.

특히 시간을 당겨서 성취하였을 때는 절약한 시간까지 구체적으로 말합니다. 보통 아이가 원에 등원하기 전이 제일 바쁜 시간인데 만약 5분을 두고 아이에게 옷 입기를 시켰다면 5분에서 10분을 늘려 잡고 반드시 옆에서 지켜보도록 합니다. 엄마가 안 보이면 잘 안 하고 늦기 때문입니다.

"우와! 오늘은 아침식사를 5분이나 일찍 마쳤네?"

"오늘은 미리미리 준비물 바구니에 정리를 잘 해뒀네?"

이렇게 조금 느리더라도 참고 기다리면서 구체적으로 칭찬해 준다면 자신의 행동을 고쳐나가며, 앞으로 더욱 잘 할 수 있는 동기부여가 됩니다.

서두르거나 다그치지 말고 행동을 너그럽게 봐주세요

아이는 종종 자기중심적인 사고에서 자기만의 세계에 빠져들 수 있습니다. 자기만의 세상 안에서 충분히 즐길 수 있도록 그 속성을 이해하고 너그럽게 지켜봐 주세요! 아이는 스스로 흥미 있고 몰입하고 싶어 하는 것에 우선 집중합니다. 산만해서 느린 경우, 자립심 부족으로 느린 경우, 신체적으로 느린 경우의 원인을 잘 찾아서 개선하는 것이 효과적입니다.

아이가 때로는 실수를 하고 제때 처리하지 못하더라도 인내심을 가지고 조급해하지 않고 기다려 주는 것이 좋습니다. 신체적으로나 기질적으로 느린 경우에는 서두르거나 다그치지 말고 잘할 수 있도록 여유를 가지고 기다려 주세요.

Mom's 톡!

02

친구를 잘 사귀지 못해요

"엄마, 친구를 만나고 싶어요! 하지만 친구들이 안 놀아줘요!"
"친구들이 무서워요!"

5세인 유리의 엄마는 유리가 친구들과 어울리지 못하여 속이 상합니다. 영아기에는 항상 엄마나 주 양육자의 품에서 보호를 받으며 자라다가 4세 정도가 되면 처음으로 또래관계를 맺기 시작합니다. 아이는 유아교육기관에 가서 또래관계를 경험하게 되는데, 사회성이 부족하면 친구들과 어울리지 못하고 혼자서 놀이를 즐기는 경우가 있습니다.

그러다가 차츰 집단생활을 통해 놀이나 생활규칙 등을 이해하고 지킬 수 있으며, 다른 사람의 생각이나 마음을 이해할 수 있습니다. 또한 친구들과 어울리면서 겪게 되는 다양한 갈등을 잘 해결하고, 서로를 이해하면서 사회적인 규칙을 자연스럽게 배우게 됩니다.

이 시기에 지나치게 수줍음을 많이 타거나 새로운 친구를 사귀기 어려워하면 자녀의 사회성 발달을 유심히 관찰해 볼 필요가 있습니다.

아이 마음 들여다보기

친구 사귀기가 힘든 원인은 무엇일까요?

- 타고난 기질이 수줍음을 잘 타면 첫 대면에서 친구를 사귀기 어려워요.
- 손과 발의 운동협응력이 떨어져 놀이에 자신감이 없고 두려움을 느껴요.
- 공간지각능력이 부족하여(5세까지는 부족) 낯선 환경에 두려움을 느껴요.
- 소극적이고 내성적인 기질을 가지고 있어 낯을 가려요.
- 부모의 지나친 과보호로 바깥놀이 경험이 없고 주도성이 떨어져요.
- 자기 세계에만 집착하는 '천상천하 유아독존형'이에요.
- 가족, 형제, 특히 엄마와 친밀한 관계형성이 부족해요.

이렇게 해주세요!

가정에서 가족들과 친밀감을 높여가세요

모든 교육의 기본은 가정입니다. 친밀감 있는 가정 분위기가 중요합니다. 가정에서 가족, 형제와의 관계에 친밀도를 높이도록 합니다. 가족과의 친밀감을 경험한 아이는 다른 사람들과 세상에 대해서도 긍정적인 기대감을 가지며, 친구들을 잘 사귀고 어울릴 수 있습니다.

친구들이 노는 것을 구경하게 합니다

처음에는 새로운 상황에 낯설어할 수도 있지만 자주 부모와 함께 바깥놀이를 경험하게 합니다. 친구들이 노는 것을 구경하고 어떻게 노는지 관찰하게 합니다. 아이가 어느 정도 자신감을 가지고 익숙해졌다 싶을 때, 친구들에게 접근해서 함께 어울려 놀도록 유도합니다. 함께 어울려 놀고 갈등상황도 경험하면서 새로운 친구들과의 만남에도 익숙해졌다 싶으면, 다음에 어떤 놀이에 도전할 것인가에 대해 아이와 이야기를 나누도록 합니다.

친구들을 집에 초대하여 어울리게 해주세요

놀이에서 만난 친구들을 집으로 초대하거나 친구 집을 방문해서 어울리게 하세요. 혹시 그것이 힘들다면 부모들끼리 서로 초대하여 어울리도록 합니다. 그러면 아이들도 자연스럽게 서로 어울릴 수 있습니다. 가능하면 심리적으로 편안하고 익숙한 환경인 우리 집에 초대해서 놀게 합니다. 우리 집에서 친구들과 놀이를 하면 심리적인 부담감이 줄어들 수 있습니다. 집에서 친구들과 서로 잘 어울려야 노는 즐거움과 방법을 알고 바깥놀이에 대한 두려움도 사라지게 됩니다.

서로 성향이 맞는 친구를 사귀게 합니다

친구와 사귀게 하는 초기에는 가능하면 아이와 취미와 성향이 맞는 친구를 사귀도록 도와주세요. 아이는 자신의 개성과 성향이 잘 맞는 친구를 사귀면 심리적으로 안정감을 느낍니다. 한 명의 친구라도 잘 어울릴 수 있는 친구를 사귀도록 도와주는 것이 중요합니다. 아이가 어울리는 것에 익숙해지면 다른 개성과 성향의 친구들을 사귀게 하여 서로 다름을 알고 인정해 주는 것을 배우게 해주세요.

매일 새로운 놀이에 도전하게 합니다

놀이에 서툰 모습이 보이더라도 친구들과 새롭게 시도하며 어울려 노는 것을 칭찬해 주세요. 그리고 매일 새로운 놀이에 도전하게 하고 격려해 주세요. 그런 과정을 거치면서 아이는 스스로 놀이에 대한 문화를 익히게 됩니다. 그러나 칭찬과 격려가 지나치면 뭐든지 자기 마음대로 하는 아이가 될 수 있으므로 주의해야 합니다.

부모가 먼저 친하게 지내는 모습을 보여줍니다

아이들보다 부모가 서로 친해져서 어울리면 아이들도 자연스럽게 친구가 됩니다. 아이는 부모의 모습을 통해서 배우고 성장합니다. 아이가 소극적이고 소심하게 자라는 데는 부모의 영향이 큽니다. 이렇게 아이의 친사회적인 성향은 가정의 모습에서부터 시작됩니다. 부모가 조용하고 소극적이면 아이 또한 친구들과 어울릴 기회를 갖기 힘들게 됩니다. 아이보다 부모가 먼저 이웃에게 다가가서 여행이나 식사 등으로 이웃들과 관계를 맺어보도록 하세요. 내키지 않더라도 부모가 먼저 시도하여 모범을 보여주세요. 부모는 사람들과 어울리기 싫어하면서 아이에게는 밖에 나가 어울리라고 할 수는 없습니다. 부모의 모습을 보면서 아이도 자연스럽게 친구들과 어울리게 됩니다.

● 아이에게 새로운 친구를 사귀게 하는 방법

1. 새로운 곳에 가기 전에 언제 어디에 가서 누구를 만나는지, 어떻게 하면 친구들과 어울릴 수 있는지 미리 이야기해 준다.
   "지금 엄마하고 놀이터에 친구들을 보러 갈 거야!"

2. 아이의 손을 잡고 다른 아이들이 놀고 있는 곳으로 가서 잠시 아이들이 노는 것을 함께 관찰한다.
   "저기 친구들이 놀이터에서 놀고 있네!"

3. 놀고 있는 곳에 가서 아이들이 노는 것을 관찰하고 아이들에게 소개를 해준다.
   "얘들아! 안녕! 이 아이는 유경이라고 해!"

4. 아이들에게 함께 놀아줄 것을 부탁한다.
   "우리 유경이가 너희와 같이 놀고 싶어 하는데 같이 놀아줄 수 있겠니?"

5. 아이들과 함께 어울리게 하고, 때로는 갈등이 생길 수 있다고 얘기한다.
   "함께 놀다 보면 다툼도 생길 수 있어. 그럴 때는 양보하고 이해해야 해!"라고 이야기한다.

출처 : 신의진(2007).

03

감정조절이 힘들어요

"으앙! 엄마, 준호가 나 때렸어요!"

준호에게 맞은 진서의 울음 소리가 들립니다. 아마도 준호는 엄마에게 제일 많이 듣는 말이 "가만히 있어! 하지 마!"일 것입니다. 하지만 가만히 있을 수 없는 준호는 어떻게 하죠?

이런 순간이 오면 준호 엄마는 당황스러워 어쩔 줄을 모릅니다. 오늘도 친구를 때려서 울리는 소리가 들리고, 화가 난 진서의 엄마가 씩씩거리며 찾아옵니다. 준호가 감정조절을 못하고 이렇게 다른 친구들을 자꾸 때리고 놀린다면 부모의 마음은 어떨까요? 혹시나 부모 자신이 그런 모습을 은연중에 보이지는 않았나요? 아이가 감정조절을 잘 못하고 이렇게 말썽을 피울 때는 어떻게 대처할지 방법을 몰라 고민을 하게 됩니다.

감정조절이란 자신의 감정을 적절하게 표현하고, 긍정적이거나 부정적인 감정을 관리하는 것을 말합니다. 아이가 자신의 감정을 잘 이해하면 조절도 잘 할 수 있습니다. 감정조절이 어려우면 타인과의 관계가 어려워집니다. 문제행동을 보이게 되고 사회적 적응력이 떨어지게 됩니다. 특히 처벌이나 좌절을 많이 겪은 아이는 자기 내면의 억압된 분노감정으로 친구들을 때리고 공격적인 성향을 보이게 됩니다. 그래서 어린 시절에 적절한 감정조절 과정은 꼭 필요합니다. 아이의 감정을 잘 읽어주어 감정조절 기술이 형성되면 사회성 발달에도 좋은 영향을 미치게 됩니다.

7세경에는 부모의 인정이나 또래와 능력을 비교하는 것에 예민해지는 경향이 있으니 주의하세요! 공격적인 행동이 지속되면 대인관계를 비롯하여 이후의 인간관계에도 영향을 미치게 됩니다.

아이 마음 들여다보기

감정조절이 힘들어 공격적인 행동을 하는 원인은 무엇일까요?

- 부모의 행동과 마음이 공격적이며, 억압하고 폭력적이에요.
- 아이의 마음이 우울하거나 아이가 폭력적이고 공격적인 영상을 자주 봐요.
- 부모가 짜증을 달고 살거나 감정기복이 심해요.
- 아이가 화를 표현하는 바람직한 방법을 몰라요.
- 부모에게 자기의 감정을 안정적으로 수용받거나 지지받은 경험이 없어요.
- 감정을 인정받지 못하고 억눌려 있어요.

이렇게 해주세요!

부모의 모델링이 중요합니다. 나-전달법을 활용하세요

"와우, 상장을 받아 기분이 좋구나! 엄마도 좋아!"
"아빠가 늦게 와 속상하구나! 조금만 기다려 보자!"
"네가 속상한 걸 보니 엄마도 속상해!"
"조금만 기다리면 할머니가 오실 거야."

아이가 감정을 느끼는 순간에 아이의 감정을 즉시 읽어줍니다. 부모가 먼저 감정을 긍정적인 방식으로 표현하고 조절하는 것을 보여주세요! 부모는 자녀의 거울이듯이 모델링이 중요합니다. 아이는 평소에 부모가 어떻게 감정을 표현하고 처리하는가를 보고 배우고 행동하게 됩니다.

아래의 나-전달법(I-message)과 같은 대화법을 활용하는 것도 좋은 방법입니다.

● 나-전달법(I-message)

'나'를 주어로 하여 타인의 행동에 대한 나의 생각·기분을 표현하는 대화법입니다.
"네가 ~ 하면(행동), 나는 ~라고 느낀다(느낌). 그래서 왜냐하면 ~(결과)."

[나-전달법의 기본 공식]

1. 부모가 어떤 기분인지 말해준다.
   "엄마는 걱정이 돼!"

2. 아이 자체가 아니라 오직 아이의 행동에 대해서만 말한다.
3. 부모가 원하는 것을 요구한다.
  "이걸 갖고 놀지 않았으면 좋겠어!"
4. 아이를 비난하거나 수치심을 주거나 위협하지 않는다.

예시 1 "이건 엄마 물건이고 엄마에게는 정말 특별한 거야!
네가 이걸로 장난을 치면 고장이 날까 봐 걱정이 돼.
그래서 엄마는 네가 이걸 갖고 놀지 않았으면 좋겠어!"

예시 2 "네가 연락이 없이 늦어서 엄마는 얼마나 걱정했는지 모른단다. 앞으로는 어디 간다고 꼭 알려주겠니?"

출처 : 로빈 그릴(2015).

자신의 감정을 다른 사람에게 표현하도록 격려해 주세요

영아기에는 욕구를 말로 표현할 수가 없어 행동이 앞설 수가 있지만 6세 이상이 되면 차츰 스스로 자신의 감정을 조절할 수 있어야 합니다. 그래서 6세쯤 되면 언어적인 의사소통과 표현이 충분히 이루어지기 때문에 아이가 자신의 감정을 스스로 잘 표현할 수 있도록 도와주어야 합니다. 아이가 자신의 감정을 표현했을 때는 나무라거나 지적하지 말고 충분히 아이의 생각을 격려하고 지지해 주세요! 자신의 감정을 아는 아이가 타인의 감정을 이해할 수 있습니다. 나아가 자신의 감정을 언어로 잘 표현하고 인식할 수 있어야 다른 사람의 감정도 공감하고 이해할 수 있습니다.

아이 감정은 인정해 주되 행동은 통제합니다

아이와 이야기할 때는 반드시 눈을 맞추고 아이가 하는 말에 귀를 기울입니다. 아이가 화를 가라앉히는 시간은 1~2분이면 충분합니다. 그 후에 아이의 기분이 어떤지, 상대방의 감정은 어떨 것인지를 이야기하며, 누군가를 공격하고 때리면 안 된다는 것을 깨닫게 해줍니다. 아이가 진정되면 이야기를 들어보고 아이의 마음을 읽은 후, 우선은 아이를 나무라기보다는 아이의 감정을 인정하고 표현해 주는 것이 중요합니다. 하지만 공격적인 행동은 통제해야 함을 잊지 마세요!

언제라도 부모에게 이야기할 수 있다는 믿음을 주세요

아이가 화가 나거나 마음을 주체할 수 없을 때, 또는 하고 싶은 일이나 갖고 싶은 물건이 있을 때는, 행동보다는 말로서 표현하게 합니다. 이때는 긍정적인 마음뿐만 아니라 부정적인 감정도 언어로 표현할 수 있고, 떼를 쓰는 방법보다 이야기하는 것이 훨씬 좋은 방법이라는 것을 알려줍니다. 그리고 천천히 아이의 이야기를 듣고 나서 원하는 일을 할 수 있도록 허락해 줍니다.

"엄마가 그림책을 읽어주지 않아 속상했구나!"
"엄마와 놀이터에 가지 않아 심술이 났어?"
"그때 네 마음은 어땠어?"라는 간단한 말로도 아이는 부모에게 사랑과 인정을 받고 있다는 강한 확신을 가집니다.

"준호가 소리 지르고 울면, 엄마는 준호의 마음을 몰라.
그러니까 천천히 이야기해 봐! 엄마가 잘 들어줄게"
라고 이야기하면서 언제라도 부모에게 이야기할 수 있다는 믿음을 주세요.

● 아이의 공격적인 모습을 목격했을 때

1. 아이의 공격적이고 폭력적인 행동을 즉시 그만하게 제지합니다.
2. 아이를 사람이 없는 조용한 곳으로 데려갑니다.
3. 화가 나 있는 아이의 감정을 우선 인정해 주고 가라앉힙니다.
4. 아이의 이야기를 천천히 들어봅니다.
5. 아이와 해결책을 이야기하며 어떻게 하면 좋을지 서로 의논합니다.
6. 의논한 바람직한 방법의 해결책으로 맞은 상대방 아이에게 사과를 하도록 합니다.
7. 아이가 자신의 행동이 잘못된 것임을 스스로 깨닫게 합니다.

출처 : 신의진(2007).

폭력적인 영상은 시간을 정해두고 볼 수 있도록 약속하세요

아이가 폭력적이라면 평소에 자주 보는 비디오물이나 만화영화 등을 검토해 보고 자제하도록 해야 합니다. 또한 꼭 봐야 할 내용이라면 부모의 관찰 하에 시간을 정해두고 보게 합니다. 5~6세 아이의 경우 하루 1시간이 넘지 않아야 합니다. 더 좋은 방법은 재미있는 놀이를 하게 하거나 부모가 함께 놀아주며 관심을 다른 곳으로 돌릴 수 있게 하는 것입니다. 가능하면 폭력적인 영상물은 삼가도록 하는 것이 바람직합니다.

아이 행동의 권위를 인정해 주는 표현을 해줍니다

"함께 책을 보자는 누나 말을 잘 들었구나?"

"누나가 결정한 대로 따르는 것이 좋겠어. 그렇지?"

"동생과 잘 놀아줘서 고맙다. 네 덕분에 빨래와 청소를 금방 끝낼 수 있었단다."

아이의 긍정적인 행동을 보면서 스스로 자신에 대해 뿌듯함을 느낄 수 있도록 합니다. 아이의 행동을 인정하는 표현은 넘치게 하여도 독이 되지 않습니다. 얼마든지 자주자주 구체적으로 해주세요! 부모의 이런 칭찬과 격려를 통하여 스스로 자신이 한 행동이 부모로부터 인정받고 있다는 느낌을 받게 됩니다.

● **문제행동 바로잡기 원칙**

1. 아이의 감정을 인정해 준다.
2. 긍정적으로 문제를 해결하기 시작한다.
   아이와 의논하면서 문제를 해결하는 방법을 찾는다.
3. 선택의 여지를 준다.
   "이것을 먼저 할까? 아니면 저것을 할까?"
4. 인과관계를 설명한다.
   "이것을 먼저 하지 않으면 네가 어려울지도 몰라!"
5. 결과를 설정해 준다.
   "네가 이것을 이렇게 하지 않으면 엄마는 너와의 약속을 지킬 수가 없어!"
6. 관심을 다른 곳으로 돌린다.
   "이것은 위험한 행동이야. 다른 것으로 놀아보자!"

출처 : 대구시교육청(2014).

Tip 자기조절능력을 갖춘 아이로 키우기

"내가 하면 안 돼요?"
"내가 해보고 싶어요!"
"내가 할 수 있어요!"
"지금 하고 싶어요!

무조건 해보고 싶어 하는 아이!
하지만 어디까지 해야 하는지는 잘 모를 수 있어요. 부모가 적절한 경계선을 만들어 주어 조절하도록 도와주세요! 이것이 자기조절능력입니다.

이럴 때 부모의 태도는?

- 자녀의 요구를 무조건 들어주면 안 되지만 지나친 통제도 곤란합니다.
- 자신이 원하는 것을 하되 포기할 것은 포기하고 할 수 있는 것은 최선을 다하게 하세요!
- 자율성을 키워주세요!
  스스로 할 수 있는 옷 입기, 신발 신기, 가방 챙기기, 준비물 챙기기 등 아이 스스로 결정하고 행동할 수 있도록 합니다.

04

자신감과 발표력이 부족해요!

"만고강산, 유람할 제~" (판소리 가사)

수줍음이 많고 내성적인 아들 민호를 자신감과 발표력을 키우고자, 어릴 때 누나를 따라 판소리를 가르쳤습니다. 그러던 어느 날 발표회가 있었는데, 기어들어 가는 목소리로 노래를 부르던 것이 아직도 생각이 나서 웃음을 머금게 합니다.

어느 부모든지 내 아이가 다른 사람 앞에서 자신감 있게 발표하기를 원합니다. 민호 역시 자신감 있고 똑 부러지는 누나처럼 되기를 원했던 것 같습니다. 여러 사람 앞에서 자신감 있게 발표할 수 있도록 스피치학원도 보내곤 했었는데, 잘 되지 않았습니다. 결국 그것은 엄마의 욕심일 뿐이었어요.

모든 부모들은 우리 아이가 다른 사람들 앞에서 조리 있게 말을 하고 자신의 의사를 분명하게 표현하기를 원합니다.

자신감 있게 발표하는 아이는 평소에 친구들과 놀이나 활동을 할 때나, 선생님에게 질문을 받고 대화를 할 때도 당당하게 대답합니다. 또한 여러 사람 앞에서도 자기 생각을 명확하게 표현합니다. 아이의 발표력을 키우려면 현재 아이의 발표력이나 어휘 표현력이 어느 정도인지 살펴보아야 합니다. 아이가 발표하는 데 두려움이 있다면 자기의 이야기를 많이 할 수 있도록 도와주고, 어떤 이야기를 해도 귀 기울여 들어줄 필요가 있습니다. 아이의 발표력은 부모와 함께하는 일상생활 속에서 자연스럽게 키울 수 있습니다.

아이 마음 들여다보기

자신감과 발표력이 부족한 원인은 어디에 있을까요?

- 평소 자신감이 부족하거나 수줍음이 많고 내성적이에요.
- 새로운 상황에 적응하는 속도가 느리고 자기표현이 약해요.
- 친한 사람들과는 말을 잘 하는데 낯선 사람 앞에서 소극적이에요.
- 부모가 아이에 대한 기대가 너무 높아서 다그치거나 간섭을 해요.
- 사소한 행동에도 늘 지적받아요. 또 부모가 지적을 해요.

이렇게 해주세요!

처음에는 인사를 비롯한 감사의 말을 크게 하도록 지도하세요

"감사합니다. 고맙습니다"라는 인사의 말을 큰 소리로 외치도록 하여 생활화하도록 해주세요. 어른을 만났을 때나 선생님에게 큰 소리로 인사하게 합니다. 처음에는 서먹해 하고 부끄러워할 수 있지만, 인사를 하는 것에 칭찬을 받다 보면 자신감이 생깁니다. 그 후 엄마가 시키지 않아도 습관처럼 하게 되면 저절로 발표력이 좋아집니다.

123 대화법을 실천하세요

'123' 대화법이란 자신의 이야기는 1분 하고, 2분 동안은 상대방의 이야기를 귀담아 들어주며, 3번은 맞장구를 쳐주는 것입니다. 이 방법은 상대방의 호감을 살 수 있는 대화 요령입니다. 아이의 말을 들어줄 때 "음, 그래?" 하며 동의를 표현해 주면서 "어머나, 그래?"라고 계속적인 추임새와 관심을 보여주는 것이 중요합니다. 그러면 아이는 신이 나서 더 열심히 모든 표현력을 동원해서 말을 하게 될 것입니다.

아이의 말과 행동에 적극적인 격려와 응원의 메시지를 주세요

아이가 하는 모든 말과 행동을 잘 관찰해 보고
"그걸 어떻게 알았어?"
"네 생각대로 하는 것이 좋겠다!" 등 아이의 말과 행동에 적극적으로 호응하고 격려를 해줍니다.

이것은 아이가 스스로 발표할 수 있다는 자신감과 성취감을 가지게 합니다. 그리고 그 후부터는 두려워하지 않고 발표하는 것을 즐거워하게 됩니다.

사소한 것이라도 칭찬 거리를 찾아 구체적으로 칭찬을 합니다

아이를 칭찬하려면 아이의 사소한 행동도 잘 관찰해야 합니다. 부모는 아이 행동에 민감해야 합니다. 아이가 이루어 낸 작은 성취와 과정을 구체적으로 칭찬하고 격려해 주는 것이 중요합니다.

일상적인 대화와 긍정적인 피드백이 중요합니다

"응? 그랬구나. 그래서 어땠어? 정말? 우리 유경이 마음이 그랬구나!" 하며 사소한 말과 행동에도 긍정적으로 말해주고 피드백을 해주는 것이 중요합니다. 평소에 아이의 마음을 공감하여 잘 들어주는 것을 생활화하면 아이의 생각이나 감정, 욕구 등을 잘 파악할 수 있습니다.

아이가 스스럼없이 이야기할 수 있게 배려해 주세요. 부모와 나누는 일상적인 대화와 반응이 아이를 자신 있게 행동하게 합니다.

평소 아이에게 열린 질문을 많이 합니다

"왜 그렇게 하고 싶어? 그러면 어떻게 하는 것이 좋을까?"

이런 개방형의 질문을 많이 하면 아이는 스스로 해결책을 세우고자 노력합니다. 개방형 질문이란 열린 질문으로 아이의 생각을 유도해 내는 것입니다. 이것은 아이의 사고력을 증진시키고 질문에 대한 답을 생각해 내게 해줍니다. 이런 과정이 반복되면 아이는 자신의 생각을 논리적으로 발표할 수 있게 됩니다.

아이에게 스스로 논리적으로 설명하도록 기다려 주세요

"그래서 어쨌다고? 빨리 이야기해 봐!"

권위적이고 지시적인 부모의 경우에는 아이가 생각할 시간을 주지 않고 바로 다그치는 경우가 많습니다. 이런 과정이 반복되면 아이는 자신감을 잃고 발표를 주저하게 됩니다. 부모가 원하는 답이 아니더라도 그 답을 유도하려고 하지 말고 기다려야 합니다. 아이의 의견과 생각을 존중해 주는 것이 중요합니다. 대화를 하는 과정에서 정해진 답을 듣고자 다그치게 되면 아이가 어물거리거나 말이 막혀서 더 힘들 수 있습니다. 이럴 때 부모는 실망하는 기색을 보이지 말고, 아이가 생각해서 말할 수 있도록 시간을 주고 기다려 주어야 합니다. 아이 스스로도 논리를 세워서 설명할 수 있는 시간이 필요합니다.

● 사고력과 발표력을 키우는 열린 질문

1. 이것은 왜 그럴까? 이유는 무엇일까?
2. 그렇게 되고 나면 다음에는 어떻게 될까?
3. 우와, 대단하구나! 그걸 어떻게 알았어?
4. 네가 말한 내용이 이런 뜻이니? 다시 설명해 줄래?
5. 그렇게 생각한 이유가 뭔지 말해줄 수 있니?
6. 이렇게 네 생각대로 하는 것이 가능할까?
7. 그것을 다르게 생각해 볼 수는 없을까?

● 아이의 생각과 인성을 키우는 질문법

1. 열린 개방형 질문을 하세요.
   "이건 어떻게 계획하고 있는지 네 생각을 말해주겠니?"

2. 질문은 간결하고 짧게 하세요.
   "기차는 왜 길다고 해? 넌 어떻게 생각해?"

3. 간접적이 아닌 직접적으로 질문하세요.
   "장난감을 주인 허락 없이 가져오면 왜 나쁘지?"(장난감을 허락 없이 가지고 왔을 때, "왜 갖고 왔어?"라고 하지 않고)

4. 충분히 여유를 가지고 대답을 기다려 주세요.

5. 긍정적으로 질문을 하세요.
   "너 지난번에도 그랬지?"가 아닌, "다음에 잘 하려면 어떻게 하면 좋을까?"

05

책을 좋아하지 않아요

민수는 책보다는 활동적인 놀이를 즐깁니다. 그러나 민수 엄마는 그것이 불만입니다. 책을 가까이하고 늘 책을 끼고 다니는 민호가 그렇게 부러울 수가 없습니다. 책 속에 빠져 있는 민호! 내 아이가 책을 좋아하고 늘 책을 가까이한다면 얼마나 좋을까요? 하지만 민수처럼 책을 너무 안 읽거나 싫어해서 고민을 하는 경우가 많습니다. 어떤 부모든지 아이가 책을 좋아하고 가까이하기를 기대하니까요. 제대로 들인 독서습관이 평생을 간다고 합니다.

세계영재학회에 따르면 부모가 스스로 독서하는 모습을 보이며 자녀의 바람직한 역할 모델이 되어야 아이가 독서에 관심을 보인다고 합니다. 부모가 먼저 책을 읽으면 아이도 자연스럽게 책과 가까워지게 된다는 말입니다. 또 아이가 읽고 싶은 책을 고를 수 있도록 아이에게 선택권을 주어 독서의 즐거움을 느끼게 해주어야 합니다. 그리고 평소 책을 가까이하는 가정의 분위기가 중요합니다.

부모는 텔레비전을 보면서 아이에게만 책 읽기를 강요하지는 마세요!

아이 마음 들여다보기

책을 싫어하거나 가까이하지 않는 원인은 무엇일까요?

- 아이가 읽었으면 하는 책을 부모가 자꾸 강요를 해요.
- 부모가 일방적으로 아이 관심사와 상관없는 책을 읽으라고 강요해요.
- 한글, 수리능력 등 지식을 발달시키기 위한 책을 읽으라고 해요.
- 텔레비전이나 컴퓨터, 대중 매체에 지나치게 빠져 있어요.

이렇게 해주세요!

아이의 흥미와 관심분야에 맞는 적당한 책을 골라주세요

아이가 책을 혼자 읽으려고 할 때는 아이 수준보다 약간은 낮은 수준으로 골라주고, 읽어주는 것이 필요할 때는 아이의 읽기 수준(아이 또래의 평균수준)보다는 좀 더 위의 수준으로 골라주는 것이 좋습니다. 그리고 아이가 좋아하는 책 표지나 그림, 특이한 책 모양, 음성이 나오는 입체 책 등 아이의 관심을 끌 수 있는 책을 골라서 읽게 합니다. 너무 많은 책을 나열해 놓고 보기를 강요하는 것보다는 그날그날 특이하고 다른 내용의 책 중에서 관심 갖는 책을 골라주세요!

매일매일 새롭게 나타나는 신기한 보물처럼 아이에게 책에 대한 기대감을 갖게 해주세요. 그러면 어느 사이에 책을 기다리게 됩니다.

책을 통해 아이와 마음을 공유해 보세요

아이의 감정이나 행동을 관찰해 보고 책의 내용도 함께 이야기하면서 마음을 공유해 보세요! 예를 들어, 친구들 사이에서 어려움을 겪는 아이가 있다면 『미운 오리새끼』 동화를 들려주고 함께 이야기를 나누어 봅니다. 기본생활습관이 잘 되지 않는다면 기본생활습관에 관한 그림책을 함께 보고 자연스럽게 익히게 하는 것도 좋은 방법입니다. 성교육이 필요하다면 성교육에 관한 책을 읽어주며 마음을 공유합니다. 부모가 책 읽기를 강요하기보다는 아이와 마음을 함께 나누는 것이 더 효과적입니다.

일정 기간 동안은 정해진 분량을 다 읽으면 보상을 해줍니다

처음에는 아이가 읽고 싶어 하고 관심을 가지는 책들을 중심으로 읽게 하고, 일정 기간을 정해놓고 아이와 약속을 한 후 책 읽기를 합니다. 그러다가 점차적으로 책을 읽는 것이 익숙해지고 책을 가까이하게 되면 다양한 분야로 분량을 늘려나갑니다. 또한 아이의 수준보다 약간 더 높은 수준의 책도 준비해서 읽게 합니다. 그리고 주어진 책들을 다 읽었을 때는 작은 포상으로 강화하거나 칭찬을 해줍니다.

책 읽기가 서툴러 읽는 것을 싫어할 때는 부모가 읽어주세요

가능하면 아이가 잠자리에 들기 전 30분씩 침대에서 책을 읽도록 하거나 읽어주는 것이 좋습니다. 하지만 한글을 읽는 데 부담을 느끼는 경우나 인지적으로 늦는 경우에는 책 읽는 것에 스트레스를 느껴서 거부할 수 있습니다. 이럴 때는 한 줄 문장부터 시작하여 서서히 글자 수를 늘려가며 읽도록 도와주고, 부모가 의성어와 의태어 등을 섞어서 책을 재미있게 읽어주는 것도 책과 친해지기 위한 방법입니다.

매일 규칙을 정해서 잠들기 전이나 일정한 시간에 일관성 있게 책을 읽어주는 것도 좋은 방법입니다. 오늘은 아빠가, 내일은 엄마가 이렇게 약속을 해서 일관성 있게 읽어주는 것도 좋습니다.

새롭게 이야기를 구성하거나 뒷이야기 꾸미기 등 독후활동을 하세요

책을 읽어주는 과정에서나, 혹은 책 읽기를 마치고 나서 집중을 유도하는 질문을 해줍니다. 종종 질문을 해주는 것은 아이가 책에 집중해서 내용을 잘 기억할 수 있도록 하는 과정입니다. 하지만 적절하지 못하면 자칫 흐름이 깨질 수도 있습니다.

책을 읽고 난 후에는 기억에 남는 부분을 중심으로 함께 이야기를 나눕니다. 주인공을 포함한 전체적인 분위기나 느낌을 상기하여 이야기하도록 해보세요. 그것을 그림으로 표현하게 하거나 뒷이야기 꾸미기 등의 독후활동을 하는 것도 좋습니다. 이런 독후활동은 창의적인 사고력 향상을 위한 심화활동이 됩니다. 또한 책을 통한 새로운 활동이 이루어지면 책에 대한 관심이 더 높아질 수 있습니다. 아이가 흥미 있어 하는 활동을 위주로 진행하면 더 효과적입니다.

놀이를 요구할 때는 시간을 정해 아이의 요구를 들어주세요

책 읽기를 시도했지만 책 읽기를 별로 좋아하지 않거나 놀이에 더 관심을 보이면, "한 시간 동안은 놀이터서 놀고, 집에 들어와서 1시간 동안은 책을 보자!" 하고 아이와 약속을 해서 실행하도록 하세요. 아이가 원하는 감정을 읽어주면서 원하는 것을 이루게 해주고, 서로 약속을 하여 책 읽기를 실행하다 보면 부모와 아이 모두 만족할 수 있습니다.

도서관에 자주 데리고 가세요

도서관 나들이를 계획해 보세요! 도서관 가는 날은 아이가 기대로 가득 찬 즐거운 날이 되도록 합니다. 김밥을 싸거나 맛있는 것을 준비해서 도서관을 가는 일이 즐거움이 되도록 하고, 남은 시간은 소풍처럼 즐길 수 있도록 해보세요. 아이에게 환경적인 분위기는 매우 중요합니다.

어린이 잡지나 신문을 구독하세요

아이가 볼 수 있는 신문이나 잡지를 아이 이름으로 받게 합니다. 자신의 이름이 있는 신문이나 잡지는 특별한 의미를 가지게 합니다. 다양한 내용들을 읽어주고 아이와 함께 보다 보면 자연스럽게 책과 가까워지게 될 것입니다.

● 책과 친해지는 방법

1. 아이는 시기적으로 책 읽기를 즐길 때가 있어요!
2. 빠르게 읽는 속독과, 천천히 정독하는 것을 번갈아 가면서 자연스럽게 읽도록 합니다.
3. 아이가 기분 좋은 시간에 책을 읽도록 하세요! 집중력과 이해력을 높입니다.
4. 원하는 책을 충분히 읽을 수 있도록 해주고, 원하는 만큼 읽어줍니다.
5. 발달단계에 따라서 아이가 책을 좋아하는 시기는 조금 다를 수 있습니다.
6. 책은 수준에 맞는 책 비율을 7로, 수준보다 높은 책 비율을 3으로 하여 7 : 3 정도의 비율로 구입합니다.
7. 아이가 좋아하는 책을 영역별로 구입하고, 점차 영역을 넓혀갑니다.
8. 아이가 책을 읽고 난 후에는 다양한 독후활동을 해보세요.
9. 아이의 손이 닿을 만한 가까운 곳에 언제나 책을 준비해 둡니다.
10. 부모가 책 읽는 모습을 보여주면 아이도 자연스럽게 책을 읽습니다.

06

성적 호기심이 많아요!

6세인 준호는 갑자기 성적인 호기심이 많아졌어요. 같은 반 여자아이의 치마를 들치며 "와~" 하며 소리를 지르기도 하고, 가끔은 여자화장실을 들여다보곤 합니다. 이럴 때는 참 고민이 됩니다.

예민한 여아들은 혹시나 어른의 손이라도 닿으면 "징그러워!" 하며 놀라거나 부끄러워합니다. 아이의 이런 행동들은 성에 대한 자연스러운 관심과 발달과정이므로 당황하거나 속상해할 필요는 없습니다. 단지 내 아이가 조금 지나치게 이런 행동을 보이면 부모의 기분이 유쾌하지는 않습니다. 아이가 이런 행동을 보일 때는 오히려 태연한 것이 좋습니다. 지나치게 과민 반응을 하게 되면 아이의 성에 대한 흥미를 유발시키는 결과를 낳을 수도 있습니다.

아이가 아무런 죄의식 없이 단순한 놀이로 생각해서 일시적으로 그런 경우 발달의 자연스러운 과정으로 볼 수 있습니다. 부모는 이런 과정을 차분하게 지도해 나가는 것이 바람직합니다. 혹시나 습관적인 자위행위로 이어질 수도 있으니 부모의 세심한 관찰과 지도가 필요합니다.

아이 마음 들여다보기

성적 호기심이 갑자기 많아졌어요. 원인은 어디 있을까요?

- 성에 대한 자연스러운 관심은 발달의 한 과정이에요.
- 자신의 신체를 스스로 자극해서 쾌감을 느낀다면 성적 호기심이 생겼어요.
- 성적 자극이 많은 가정 환경에 노출되어 있어요.
- 아이가 남녀에 대한 차이를 발견하고 생리적인 차이에 관심을 가져요.
- 엄마와의 애착관계가 불안정하거나 사랑이 부족해요.
- 혼자 방치되어 있는 시간이 많거나 놀이의 대상이 부족해요.
- 혼자 방치되어 가족이나 주변으로부터의 관심을 받고 싶어요.
- 5~6세가 되면 성에 대한 관심이 많아지고 이성의 성기에도 관심을 보여요.

이렇게 해주세요!

자위행위는 습관이 되지 않도록 하고, 관심과 애정을 듬뿍 주세요

아이의 자위행위는 혼자 있는 시간이 많거나 부모의 관심과 애정이 부족할 경우, 의사표현이 서툰 경우에 발생할 수 있습니다. 어쩌다 한 번이 아닌 반복적인 행동으로 나타난다면 꾸짖기보다는 아이의 속마음을 읽어줍니다. 그리고 충분한 관심과 사랑을 주도록 합니다. 자위행위가 계속 이어지면 잘 관찰한 후에 다른 쪽으로 흥미를 돌려주시고, 손으로 만지면서 놀 수 있는 활동을 함께 하면 좋습니다. 예를 들면, 점토놀이나 물감놀이, 색종이 접기 놀이 등입니다. 부모가 함께 관심을 줄 수 있는 환경을 마련해 주세요!

아이가 성적인 놀이를 시작할 때 신체 자극의 정도를 관찰하세요

만약에 아이가 상징놀이를 하면서 친구들에게 자기의 몸을 보여주거나 성적인 행동을 하면 놀라지 말고 자연스럽게 받아들여야 합니다. 그러나 놀이가 성적인 자극을 유발하거나 지나치다고 판단되면 그 상황을 중지시키고 차분하게 설명해 주는 것이 중요합니다. 부모가 엄숙하게 설명을 하면 성적인 관심이 자연스러운 발달의 과정이라는 것을 깨닫게 됩니다.

성에 대한 질문에는 발달단계에 맞게 대답해 주세요

성에 대한 질문에 "어른이 되면 알게 돼!"라고 하거나 "나중에 얘기해 줄게!" 등으로 무시하게 되면 아이의 궁금증은 더 커지게 마련입니다. 성교육을 위한 동화책이나 애니메이션 등을 활용하여 자연스럽게 대답해 줄 수 있도록 합니다.

연령별 발달단계에 맞추어 설명하는 것도 잊지 마세요. 어떤 질문이라도 묻고 답하며 대화할 수 있는 분위기를 만드는 것이 중요합니다. 성을 수치로 알고 추하고 숨겨야 하는 것으로 받아들일 수도 있으니 주의하세요!

감정적으로 대응하여 놀라거나 화를 내지 않습니다

아이의 자위행위나 성에 대한 질문에 놀라거나 화를 내면 아이는 필요 이상의 죄책감과 수치심을 느낄 수 있고, 성에 대한 부정적인 이미지를 갖게 됩니다. 만약 다른 사람이나 친구들이 소중한 곳을 보고자 할 때는

"이곳은 소중한 곳이니까 함부로 만져서도 안 되고 보여줘서도 안 되는 거야!"라고 말하게 합니다.

그리고 소중한 곳을 누군가가 보고자 한다면 "싫어요!"라고 큰 소리로 말할 수 있게 합니다. 내 몸이 소중하면 다른 사람의 몸도 소중하듯 소중한 성을 함께 지켜야 함을 가르쳐 주세요!

만 5세까지 바로잡아야 문제를 방지할 수 있습니다

유아교육기관에서도 지나치게 성적인 행동에 관심이 많은 아이가 있습니다. 좋아하는 여자 아이에게 뽀뽀를 습관적으로 하면 이를 제지시켜야 합니다. 단순한 호기심이나 별 의미 없는 행동으로 보일 수도 있지만 이런 행동을 지속하면 문제가 될 수 있습니다. 그리고 놀라서 피해를 입거나 속상할 수 있는 상대방의 입장에서도 생각해 보게 해야 합니다.

만 5세 이후에도 이성을 보고 스스럼없이 다가가서 껴안거나 뽀뽀를 하는 행위를 한다면, 향후 이런 행동이 발생하지 않도록 가정에서 부모도 바로잡아 주어야 합니다.

혹시 가정에서 성적인 문제를 유발할 수 있는 환경적인 요인이 있는지 살펴보는 것도 중요합니다.

● 성에 대해서 부모가 알아야 할 내용

아이가 성에 대한 질문을 하면 어떻게 할까요?

성에 관한 질문에 아이의 연령 및 발달 상태를 고려하여 적절하고 알맞은 설명을 해줍니다. 그러나 아이가 묻지 않은 질문까지 발달에 맞지 않게 구체적으로 설명해 줄 필요는 없습니다. 아이가 질문을 시작할 때 당황하지 말고 적절한 교재나 동화책 등 알맞은 자료를 선택하여 아이가 이해하기 쉽도록 설명해 주세요.

성에 관한 놀이는?

아이들은 역할놀이(병원놀이나 엄마놀이) 등을 하면서 자신의 몸을 친구에게 보여주는 놀이를 합니다. 아이의 기본적인 욕구를 놀이라는 매체를 통해 자연스럽게 표출하고 충족시키는 행동이기는 하지만, 방문을 닫고 놀거나 노출 정도가 심한지는 부모의 관심과 관찰이 필요합니다. 그래서 아이가 자기 신체의 노출 수위를 조절할 수 있도록 관심을 갖고 조율해 주어야 합니다.

부모와 목욕은 언제부터 따로 할까요?

어린 시기에는 부모와 함께 목욕을 하면서 자연스럽게 부모의 성 차이와 신체구조에 대한 학습이 이루어지도록 합니다. 5~6세로 성장하면 이성의 부모보다는 동성의 부모와 목욕하는 것이 바람직합니다. 동성의 부모와 목욕을 하면서 자연스럽게 성에 대한 특성, 남녀의 역할과 중요성에 대해서 알려주세요.

잠자리는 부모와 언제부터 따로 할까요?

가능하면 5~6세부터는 부모와 독립하여 떨어져 자는 것이 좋습니다. 초기 아동기에 부모의 잠자리를 목격하는 경우 부모가 싸우는 것으로 잘못 이해하고, 또는 엄마가 일방적으로 피해를 입고 있는 것으로 잘못 오해하여 두려움을 느낄 수 있습니다. 이런 좋지 않은 기억은 아이의 성장 발달에 영향을 줄 수 있습니다.

● 아이가 자위행위를 할 때

- 아이가 자신의 몸을 만지면서 우연히 쾌감을 느꼈을 때 그것이 습관적으로 이루어진다.
- “하지 마!”라고 당황스럽게 하기보다는 우선은 모른 척 지켜보다가 행동이 진정된 후에 이야기한다.
- “이렇게 하자!”라고 부드럽고 긍정적으로 말한다.
- 손으로나 감각적으로 할 수 있는 다른 놀이를 찾아서 집중하게 한다.
- 아이를 혼자 두게 하지 마세요! 무료하면 그럴 수 있다.
- 발달과정에서 자연스럽게 지나갈 수 있는 과정이다.
- 아이에게 꽉 끼지 않는 바지를 입게 하고, 자극을 주지 않는 옷차림을 하도록 한다.
- 땀을 흘리며 할 수 있는 운동을 함께 하도록 한다.
- 습관이 되지 않도록 관심을 가지고 잘 관찰한다.

07

말이 또래보다 늦어요

"깊은 산 속 옹달샘, 누가 와서 먹나요? 새벽에 토끼가~"

유경이는 18개월 즈음에 동요를 줄줄 불러서 할머니 할아버지의 사랑을 많이 받았습니다. 아들 민호는 누나처럼 동요를 잘 부르지는 못했습니다. 이렇게 같은 연령이라도 개인차나 환경적인 차이로 인하여 아이의 언어발달에는 다소 차이가 있습니다.

만약 내 아이가 또래 친구들보다 말이 늦거나 하면 부모는 조바심이 납니다.

아이가 보통 생후 12개월이 지나면 한 단어의 말을 시작합니다. 신생아 시기부터 쿠잉, 울음, 맘마, 빠빠로 시작하여, 12~18개월 정도가 되면 보통 2~3단어 정도의 문장으로 언어표현을 하며, 50여 개

정도의 단어는 이해하고 문장을 결합하고 말할 수 있습니다. 남녀의 성차나 개인차가 있을 수 있지만 대부분은 이렇게 언어가 발달하기 시작합니다. 이렇게 18개월이 지나면 언어가 급격하게 발달하는 시기이므로 짧은 문장이나 정확한 발음으로 지도하는 것이 중요합니다. 이 시기는 모방을 하면서 배우는 시기라 엄마나 가족의 말을 따라하며 배우는 경우가 많습니다.

아이에게 재미있는 동화를 들려주고, 흥미를 유발할 수 있는 동요를 자주 불러주면서, 사물의 명칭을 정확하게 알려주고 상황에 맞는 올바른 단어를 사용할 수 있도록 도와줍니다. 하지만 24개월까지 아무 말을 못하면 언어장애를 의심해 보아야 하고, 만 3세가 지나도 한 단어에 머물거나 또래보다 늦으면 전문가의 도움이 필요합니다.

아이 마음 들여다보기

말이 또래보다 늦는 경우의 원인은 무엇일까요?

- 부담스러워 어떻게 말할지 모르는 경우예요(실수할까 봐).
- 심리적으로 정서적으로 위축되어 있어요.
- 부모가 아이의 언어표현이 서툴고 틀린다고 다그치며 지적하거나, 권위적인 태도로 훈계나 지시를 많이 해요.
- 부모가 아이의 말을 끝까지 들어주지 않고 중간에 말을 잘라요.
- 다른 사람과의 의사소통이 부족해요.
- 초기 발달의 결손(임신 중 스트레스, 자폐증) 등이 있으면 인지발달에 문제가 있어요.

이렇게 해주세요!

24개월 전이라면 부모가 언어적인 자극을 많이 해주세요

신생아 시기에는 말을 배우기 전이라 울음이나 옹알이, 쿠잉 등으로 시작합니다. 그러나 돌 전 무렵부터는 아이가 '맘마', '엄마', '빠빠'로 시작하여 한 단어의 말을 시작하게 됩니다. 이렇게 시작한 언어는 두 돌이 되고 지나면서 폭발적으로 늘어나며 개인차가 있어서 조금 빠르거나 늦을 수 있습니다. 언어를 배우기 시작할 때는 한 단어의 말이라도 "옳지, 그래" 하면서 민감하게 반응을 해주고, 아이의 눈을 바라보면서 언어적인 자극을 자주 해주는 것이 중요합니다.

책을 읽어주고 아이와 대화를 많이 하세요

글을 모를 때에는 말을 배우게 하려고 부모가 책을 읽어주는 경우가 많습니다. 책을 읽으면서 중간중간에 따라 하게 하거나, 의성어나 의태어가 있는 재미있는 부분을 강조하며 함께 해보면 좋습니다. 그러면 책과 자연스럽게 친해지고 많은 어휘력을 배우게 됩니다. 또한 직접적으로 말을 배우려고 할 때는 매일 새로운 단어를 자주 사용하게 해줍니다. 그리고 책을 많이 읽어주는 것도 좋지만, 평소에 아이와 대화를 많이 하는 것이 좋습니다.

특별한 경험으로 말할 거리를 만들어 주세요

아이가 재미있고 특별한 사건을 경험함으로써 재미있게 말할 수 있도록 말할 거리를 만들어 주세요! 예를 들면, 동물원을 관람하여 신기한 장면을 보았다든지, 할아버지 생신날 시골에 다녀온 경험 등 색다른 경험을 하게 하면 말할 거리가 많게 됩니다. 이때 부모는 의성어나 의태어 등을 표현하며 아이의 언어를 자극해 주도록 합니다. 무엇보다도 중요한 것은 서툴기만 한 아이의 어휘 표현이라도 격려해 주며 재미있게 잘 들어주는 것입니다. 엄마가 수다쟁이가 되어도 괜찮습니다. 새롭게 등장하는 단어에도 관심을 가질 수 있도록 하고, 부모도 말할 거리와 새로운 단어를 제공해 주는 정성이 필요합니다.

말할 때에는 단순한 단어와 표정, 몸짓으로 자극해 주세요

아이가 말을 시도할 때는 아이의 발달수준에 맞게 단순하고 재미있는 단어로 자극해 주세요! 또한 아이의 말을 잘 들어주면서 엄마가 하는 표정과 몸짓과 손짓 등이 아이에게 더욱 재미있게 말을 할 수 있게 해줍니다. 아이는 말 자체를 이해하지는 못해도 엄마의 몸짓과 표정을 통해 의미를 파악하게 됩니다. 따라서 이런 긍정적인 추임새는 언어발달에 많은 도움이 되지만, 부모의 권위적인 태도나 훈계, 지시, 비난 등은 언어발달에 전혀 도움이 되지 않습니다.

자신의 욕구나 의사를 표현할 때 도와서 대신 표현해 주세요

아이가 자신의 욕구나 의사를 말로써 표현하는 것이 서툴다면, 부모가 대신 도와서 "그랬어?", "응 맞아!", "그래서?"로 자기 의사를 표현할 수 있도록 도와줍니다. 단지 부모가 조급해하며 재촉하지 말고 충분히 기다려 주며 말할 수 있도록 합니다.

일일이 부모가 나서서 도와주는 것은 금물입니다. 언어 표현이 서툰 시기이거나 어려워할 때만 도와주면서 격려해 주어야 합니다.

또래와의 관계 속에서 언어를 배우게 합니다

평소 가정에서 이루어지는 긍정적인 대화는 아이의 언어발달을 촉진시킵니다. 같은 행동이나 단어를 사용하는 리듬감이 있는 말을 반복하도록 하는 것도 좋습니다. "좋아, 좋아?", "이뻐, 이뻐?" 이렇게 말입니다.

또한 아이에게 열린 질문을 많이 해주고 아이의 의견을 물어주며 소통하는 분위기에서는 자연스럽게 언어가 발달합니다. 유아교육기관에서 또래들과의 관계 속에서도 자연스럽게 어휘를 습득하게 됩니다. 아이는 원에서 선생님과의 교수활동이나 또래들과의 사회성을 통한 원만한 관계 속에서 다양한 어휘를 배우고 터득하게 됩니다.

아이가 가리키는 사물의 이름을 말해주며 격려해 주세요

엄마가 인내심을 가지고 질문을 던졌을 때, 자신의 의도를 표현하기 위해 '어, 어' 하더라도 그것을 반응해 주세요! 만약에 아이가 꽃을 가리키며 '어,어' 한다면

"응? 이것은 꽃이라고 한단다. 개 나 리 꽃. 노란색으로 이쁘지?"

"잘하는데?"

하면서 사물의 이름을 구체적으로 말해주고 인정하며 칭찬해 줍니다. 그리고 정확한 발음이 아니더라도 틀렸다고 지적하지 말고, 우선은 제대로 발음하지 않더라도 칭찬해 주세요.

● 언어발달을 판단하는 네 가지 기준

1. 몸짓, 표정 등 비언어적 의사소통은 가능한지 살펴본다.

아이가 눈을 맞추거나 자신의 생각과 감정을 표현한다면 크게 걱정하지 마세요. 그러나 비언어적인 의사소통이 되지 않는다면 자폐증이나 발달장애를 의심해 볼 수 있습니다.

2. 지능상에 문제가 없는지 확인한다.

어린 시기에는 지능검사를 하는 게 아니라, 아이가 나이에 맞는 놀이를 잘 따라 하는지 봐주세요. 또래와 놀아보게 하거나 발달단계에 맞는 놀이를 제시하여 함께 놀면서 확인을 합니다.

3. 사회성 발달이 정상인지 살펴야 한다.

언어는 사람과의 의사소통 수단이기에 다른 사람과의 관계가 서툴게 되면 언어발달이 더딥니다. 주로 엄마와의 애정과 소통의 문제, 가족들과의 소통이 원만하게 잘 이루어지고 있는지 살펴보세요.

4. 아이에게 정서적인 문제가 없는지 살펴본다.

상황에 따라 감정과 정서표현을 적절하게 잘 하는지를 확인해 보고 관찰합니다.

출처 : 신의진(2007).

08

어질러 놓기만 하고 정리를 안 해요

민호가 자신만의 영역이라고 표시해 놓고 장난감을 다 널어놓고 놉니다. 놀고 나서도 정리할 생각도 않고 정리도 못하게 하는 경우가 있습니다. 그럴 때 엄마는 속이 상합니다. 사실상 아이는 왜 정리를 하고 치워야 하는지도 모르는데 엄마는 투정을 하게 됩니다.

엄마와 아빠가 처음부터 이것저것 다 치워주거나 하면 아이는 굳이 정리하고 치워야 할 필요성을 못 느끼게 됩니다. 정리하는 습관은 보통은 만 3세가 되어야 가능합니다. 하지만 이것이 습관화되지 않으면 초등학생이 되어도 엄마가 따라다니며 치워주게 되는 진풍경이 일어납니다. 일상에서 아주 작은 것부터 한 번에 하나씩, 차츰 양을 늘려가면서, 한꺼번에 많은 것을 기대하지 말고, 천천히 기다려 주면서 정리를 하도록 도와주세요.

아이 마음 들여다보기

어질러 놓기만 하고 놀고 나서 정리를 안 하는 이유는 무엇일까요?

- 아이가 장난감을 어질러 놓으면 언제나 엄마가 나서서 정리를 다해줘요.
- 놀이나 활동 후에 아이에게 적극적으로 정리를 시키지 않아 아이가 몰라요.
- 탐색욕구가 강해지고 주도성이 발달하는 시기에 호기심과 주도성이 마찰을 일으켜요.
- 상상력이 풍부해져서 상상한 것의 현실화를 위하여 주변의 물건들을 동원해서 놀아요.
- 같은 종류와 패턴끼리 분류하는 능력이 아직 충분하게 발달하지 않았어요.
- 5세 이전에는 온몸의 대근육과 소근육을 마음대로 조절할 수 없어 정리하는 게 부담스러워요.

이렇게 해주세요!

놀이에 집중할 때는 흐름을 방해하지 마세요

아이가 놀이에 집중하며 잘 놀고 있는데, 엄마가
"왜 장난감을 있는 대로 꺼내놓고 놀아?"
"소꿉놀이할 때는 병원놀이는 필요 없잖아!" 하며 아이에게 잔소리를 하거나 정리를 시키는 것은 바람직하지 않습니다.

아이가 집중해서 놀이할 때는 흐름을 방해하지 말고 충분히 놀게 한 후 정리를 시킵니다. 정리정돈을 마치 놀이처럼 즐겁게 하도록 합니다.

“이것은 여기 넣고, 저것은 저기 넣어”라고 일일이 잔소리처럼 지시하면 정리하기 싫어집니다.

이럴 때는 “우리 누가 빨리 주머니에 넣을 수 있을까?” 하며 경쟁도 해 보고, 재미있게 놀이를 한다는 생각으로 아이와 함께 정리해 보세요! 예를 들어, 신문지를 찢어서 놀았을 때는 예쁜 주머니를 주어서 눈사람을 만드는 놀이처럼 재미있는 활동을 하면서 정리합니다. 이렇게 정리를 놀이처럼 한다면 정리활동 자체도 놀이로 생각되어 더 잘 할 수 있습니다.

놀이공간의 활용 범위와 제한을 분명하게 알려주세요

아이에게 마음껏 놀아도 되는 공간을 한 곳 정도 정해주셨나요? 그래서 놀이공간으로 정해진 곳에서는 어떤 행동을 해도 가능하지만 그 외의 공간에서는 할 수 없다는 것을 분명히 알려주셨나요? 예를 들어, 공놀이 같은 경우는 방에서는 할 수 없고 바깥에서만 가능하며, 모래놀이 같은 경우는 방 안에서는 할 수 없다는 것입니다.

“민호야, 밀가루를 가지고 ‘가루야’ 놀이는 여기서만 하는 거야! 뿌리기도 하고 점토처럼 만들 수도 할 수 있어. 하지만 다른 데서는 하면 안 돼, 알았지?” 합니다. 이렇게 평소 정리하는 습관을 생활화하고 싶다면 놀이공간에도 제한이 있음을 일러줍니다.

하지만 이것은 발달적으로 만 3세(5세) 정도가 되었을 때 가능합니다. 그 전에는 호기심과 탐색이 왕성한 시기라 어느 정도는 허용하는 것이 좋습니다. 아이가 규칙을 스스로 지키기 시작했을 때 놀이공간에서 할 수 있는 행동 범위와 제한이 있음을 분명하게 알려줍니다.

정리하는 모습을 볼 때마다 그것을 칭찬합니다

놀이를 마치고 나면 정리를 해야 한다는 것을 부모가 먼저 모범을 보여주고 아이에게 이야기를 합니다. 이렇게 부모가 정리를 해야 하는 이유를 설명해 주고 정리하는 모습을 자주 보여주세요. 아이가 어려서 정리하는 분량이 힘들고 애처롭다고 생각되면, 처음에는 적은 분량으로 줄여서 시작하는 것이 좋습니다. 만약에 아이가 힘들어하면 부모와 역할을 분담하여 정리를 하는 것도 좋습니다. 부모가 맡은 부분을 정리하면 아이도 부담 없이 따라서 정리하는 모습을 배우게 됩니다. 아이가 정리를 잘 할 때마다 즉시 칭찬해 주는 것도 잊지 마세요!

"아유! 우리 민호가 정리를 아주 잘했구나! 엄마는 우리 민호가 이렇게 정리하는 모습을 보니 기분이 참 좋네!"

"이거는 엄마가, 이거는 민호가 정리해야지?" 하며 엄마의 마음을 솔직하게 표현하면서 구체적으로 아이의 정리하는 행동을 칭찬해 주세요! 정리하는 아이는 이런 칭찬과 격려를 통해 자부심과 성취감을 느끼고, 더 열심히 정리하는 습관을 가지게 됩니다.

구체적으로 정리해서 놓을 위치나 방법을 알려주세요

아이에게 정리를 시킬 때는 정확하게 이야기를 해줍니다. 무조건 정리하자고 이야기하지 말고, 구체적으로 정리를 하면서 보관할 위치나 방법을 알려주세요. 작은 서랍이나 수납 바구니를 준비하여 이름을 붙여줍니다. 자연스럽게 그 물건이 어디 있는지 어디에 넣어야 하는지 배우며 정리하는 위치도 알 수가 있고, 글자도 자연스럽게 알 수 있습니다.

"장난감은 장난감 통에, 인형은 인형바구니에 넣어야지!"

"책은 책장의 책꽂이에 꽂아두는 거야!"

정리함을 눈에 띄는 곳에 놓아두는 것도 좋습니다. 어떤 물건이 어느 곳에 들어가야 하는지 구체적으로 정리하는 방법을 알려주면 아이가 정리하는 데 많은 도움이 됩니다. 물건을 정리하면서 사물에 대한 이름도 알게 되고 소중함을 느끼게 됩니다. 스스로 성취감을 느끼면 그것이 습관화되어 정리를 잘 할 수 있게 됩니다.

매일 정리하는 것을 원칙으로 하여 정리하는 습관을 갖게 합니다

매일 놀고 나면 정리를 하는 원칙을 지키게 합니다. 정리정돈의 습관은 아이가 못하는 게 아니라 안 하는 것입니다. 또한 부모가 정리하는 습관을 가르치며 정리도 일관성 있게 시키는 것이 중요합니다. 이런 행동을 함으로써 부모에게도 도움을 주는 보람 있는 행동이라는 것을 알게 합니다.

어느 날은 아이에게 시키다가 또 어느 날은 정리를 안 해도 된다면 아이는 정리하는 것을 점점 귀찮아 할 수 있습니다. 정리가 힘든 사물이라도 부모가 도와줘서 한두 가지라도 반드시 정리를 하게 하세요. 그래야 '놀고 난 후에는 반드시 정리해야 한다'는 인식을 하고, 자연스럽게 정리정돈하는 습관을 갖게 됩니다. 만약 부모에게 반감을 가지고 있는 경우에는 절대로 마음이 움직이지 않아 정리를 안 하는 아이로 머물 수밖에 없습니다. 작은 일이라도 스스로 잘 정리할 때는 칭찬과 격려를 잊지 마세요!

● 행복한 가정을 만들기 위한 의사소통 기술

- 한 가지 주제에 집중하기
- 지금－여기에 초점 맞추기
- 중립적이고 자연스러운 목소리로 말하기
- 10단어 이내의 짧은 말, 한 번에 끝내기
- 나는… 이라는 나 메시지를 사용하기
- 항상 긍정적인 말하기
- 직접적이고 구체적으로 이야기하기
- 이해 못할 때는 말한 내용을 다시 말해주기
- 적절한 감정, 적절한 표현 보이기
- 눈 맞춤이나 고개 끄덕이기 등으로 이야기 들어주기
- 내 이야기부터 하지 말고 아이, 가족의 말부터 듣기
- 말과 행동을 일치시키기

출처 : 대구시교육청(2014).

● 밥상머리교육 실천지침

- 일주일에 한 번은 '가족식사의 날'을 정해보세요!
- 미리 정해진 장소, 정해진 시간에 함께 모입니다.
- 가족이 함께 식사를 준비하고, 함께 정리합니다.
- 하루일과에 대해 서로 눈을 보며 대화를 하세요!
- 서로 공감과 칭찬을 많이 해주세요!
- 아이의 말을 끊지 말고 끝까지 잘 들어주세요!
- 휴대폰을 보지 말고 TV는 끄세요.
- 대화를 하면서 천천히 말하고 들어주세요!

출처 : 대구시교육청(2014).

09

자꾸 거짓말을 해요

"엄마, 나 배 아파! 오늘은 안 갈래!"

"머리가 아파서 못하겠어요!"

유경이는 엄마에게 가끔 이렇게 말하면서 어린이집을 가지 않으려고 합니다. 이것은 우리 아이들 시기에 흔히 하는 거짓말일 수 있습니다. 실제로 배가 아플 수도 있지만 '나 좀 봐주세요!'라는 관심을 끌려는 행동일 수 있으니까요.

아이는 왜 거짓말을 할까요? 말이 한창 늘 무렵이면 거짓말도 함께 늘어납니다. 이 시기는 상상과 현실을 구별하지 못할 수도 있습니다. 이 시기는 "나 아이스크림 세 개 먹었어!"라고 하며, 자기의 소망을 실제 일어난 것처럼 말할 수도 있습니다. 실제로 먹어서가 아니라 그만큼 먹고 싶다는 아이의 소망을 과거형으로 말한 것이죠. 이럴 때 엄마는 '아, 아이스크림이 먹고 싶어서이구나'라고 생각하면 됩니다. 아이는 텔레비전이나 책에서 본 내용을 현실인 양 이야기할 수도 있습니다. 인지능력이 발달하면서 발달과정에서 나오는 자연적인 현상일 수도 있습니다.

거짓말은 만 4~5세 무렵까지 나타날 수 있는데, 어휘력이 풍부하게 발달하였다는 증거이며, 나쁜 말과 거짓말을 구분하지 못하는 시기로 상상할 수 있는 능력이 생겼음을 의미합니다. 이 시기까지는 거짓말이 '나쁘다'는 말로 전해지면 아이에게 상처를 주기 때문에 조심해야 합니다. 거짓말 이면에 숨어 있는 아이의 속마음을 읽어주는 것이 더 중요합니다.

아이 마음 들여다보기

자꾸 거짓말을 하는 경우, 원인을 알아볼까요?

- 엄마의 잔소리가 무섭고 두려워 자신을 보호하려고 해요.
- 아이가 지나친 학습 스트레스로 부담이 많아요.
- 자신의 비밀을 지키거나 자신을 과장하고 싶어 하는 경우예요.
- 3~4세 시기는 상상과 현실세계가 모호하여 구분하지 못하는 발달적 특성이 있어요.
- 있지도 않은 일을 만들어 내고, 캐릭터와 자신을 동일시하는 상상이 가능한 시기예요.

이렇게 해주세요!

거짓말 자체보다 원인에 대해 이야기를 나누어 보세요

일단 거짓말이 잘못이라는 것을 아는 나이인데도 불구하고 자주 거짓말을 한다면 원인을 살펴보아야 합니다. 병원에 가면 전혀 이상이 없는데도 아프다고 하는 경우, 아무 일이 없는데도 "선생님이 엄마 오라고 했어" 등 거짓말을 하는 경우가 많습니다. 이럴 때는 아이에게 "하던 거 멈추고 잠시 생각해 보자. 그리고 함께 이야기해 보자"라고 대화를 시도합니다.

아이가 5~6세경에는 소망을 충족하기 위해서, 자신을 돋보이게 하기 위해서 거짓말을 하는 경우도 있습니다. 어떤 아이가 새로 산 가방을 자랑하면,

"나한테는 이것보다 더 좋은 가방이 있거든?" 이런 식으로 가지고 있지 않은 것을 갖고 있는 것처럼 말할 수도 있습니다.

이 시기는 인지발달 단계상 자신을 인식하고 자존심과 자긍심, 주도성을 키워나가게 되니 자신을 돋보이게 하기 위해 약간의 거짓말을 하는 경우임을 인정해야 합니다. 이는 도덕성이 발달하면 자연스럽게 사라지게 됩니다.

만약 아이가 학습 스트레스가 심한 경우라면, 아이가 거짓말을 할 정도로 학습이 감당해 내기 힘들다는 것을 이해해야 합니다. 거짓말을 해야 하는 근본적인 동기가 무엇인지 원인을 알고 해결해 주는 것이 중요합니다. 진지하고 편안하게 이야기할 분위기를 만들어서 거짓말 그 자체보다는 원인을 아는 것이 중요합니다.

상상과 공상을 무시하지 말고 그대로 인정해 주세요

아이가 부모에게 상상과 공상의 이야기를 하면 이를 지나치거나 무시하지 말고 긍정적인 반응으로 인정해 줍니다. 또한 자신의 상상과 공상을 사실인 양 말하는 아이에게는 "그래, 네가 그런 상상을 했구나!"라고 '사실이 아닌 공상'임을 알려주고, "우와, 그래서 피노키오처럼 거짓말을 했더니 코가 쭉쭉 늘어난 거야? 어떤 기분이었어?"라며 공감해 주며, 긍정적으로 인정을 해줍니다. 하지만 상상과 공상을 벗어난 발달 시기(6세 이상)의 의도적인 거짓말에는 단호하게 대처해서 습관이 되지 않도록 해주어야 합니다.

거짓말을 지적할 때는 부드럽지만 단호하게 이야기합니다

거짓말을 지적할 때는 부드럽지만 단호하게 말해줍니다. 그렇다고 여러 사람 앞에서 "너 또 거짓말이지?"라고 무안을 주거나 야단을 치면, 아이는 자존감에 상처를 입게 되므로 삼가야 합니다. 어린아이의 말이라고 쉽게 무시하거나 거짓말을 웃음으로 그냥 넘겨버리면 안 됩니다. 그러면 아이는 또 거짓말을 할 수도 있고, 엄마의 말을 무시하고 넘어갈 수 있기 때문입니다.

그러나 아이의 발달단계를 고려한 적절한 시기의 거짓말인지를 판단해야 합니다. 아이가 자기방어적인 거짓말을 한다면 과감하게 속아줄 수도 있어야 합니다. 때로는 부모를 실망시키고 싶지 않아 거짓말을 하는 경우도 있습니다. 그러면서 엄마는 언제나 진실과 사실을 이야기하고 있다는 믿음을 가지게 해주고, 작은 거짓말도 엄마의 마음을 아프게 한다는 것을 솔직하게 이야기해 줍니다.

거짓말을 자주 하게 되면 어떤 결과가 생기는지 알려줍니다

거짓말을 하면 조용히 불러놓고 왜 거짓말을 하면 안 되는지를 이야기해 줍니다. 거짓말을 자주 하게 되면 신뢰감이 무너지고, 그렇게 무너진 신뢰감을 회복하려면 오랜 시간이 걸릴 수 있음을 아이에게 분명하게 알려줍니다. 예를 들면, 《양치기 소년》처럼 거짓말이 주제가 되는 동화를 들려주면서 결과가 어떻게 되는지를 이해시키고, 논리적인 결과를 알려주는 것도 좋습니다. 거짓말이 여러 가지 나쁜 결과를 가져온다는 것을 이해시키고 느끼도록 해주는 것입니다. 그러나 절대로 체벌은 좋지 않습니다.

정직하게 말했을 때는 격려해 주세요

"사실대로 말해줘서 고마워. 정직하게 말한 민정이가 자랑스러워"라고 말하고 용기 있는 행동을 격려해 주세요!

그러면 자신감을 가지고 정직하게 말을 하려고 애를 쓰는 아이의 모습을 발견하게 될 것입니다.

부모가 먼저 모범을 보입니다

만약 부모가 전화를 받고 싶지 않을 때

"엄마, 없다고 해!", "아빠 집에 안 계신다고 해라!"

등을 아이에게 시키거나 하는 모습을 보이게 되면 어떻게 될까요? 먼저 부모가 정직한 행동의 모범을 보이는 것이 중요합니다.

● 아이가 거짓말을 할 때 부모의 태도

- 우선은 긍정적으로 잘 들어주세요. 의도적이고 습관적인 거짓말인지 살펴보세요.
- 아이를 윽박질러 궁지로 내몰지 마세요.
- 아이가 상황을 설명하고 변명할 시간을 주세요.
- 사실대로 말할 수 있는 분위기를 만들어 주세요.
- 거짓말이 반복되지 않도록 아이 속마음부터 읽어주세요.
- 항상 일관성 있는 태도로 야단치세요.
- '거짓말쟁이'라는 낙인찍거나 공격적인 말은 하지 마세요.
- 엄마 자신의 행동부터 되돌아봐요.
- 솔직하게 털어놓으면 칭찬해 줘요.
- 거짓말로 관심 끄는 일이 반복되지 않게 해요.

Tip 우리 아이 도덕성 지수 높이기

도덕성은 나 자신과 다른 사람과의 관계 속에서 나타날 수 있는 감정, 판단, 행동을 그 사회에서 바람직하고 가치 있다고 인정한 규범과 규칙에 맞추는 것입니다.

- 기본적인 양심이 무엇인가를 가르칩니다.
- 내가 소중한 만큼 다른 사람도 소중하므로 내가 싫어하는 것은 다른 사람에게도 하지 않는다는 것을 가르칩니다.
- 부모가 먼저 모델링이 되어야 합니다. 아이는 타인을 대하는 부모의 모습에서 자연스럽게 배우게 됩니다.

10

습관적으로 남의 물건을 그냥 가져와요

"선생님, 우리 아이가 친구 물건을 가져왔어요."

"어린이집의 장난감을 가방 안에 하나 넣어왔어요."

이렇게 가끔 원으로 부모님의 전화가 옵니다. 누구나 한 번쯤은 내가 가질 수 없는 물건을 갖고 싶었던 적은 있을 것이며, 대부분의 부모도 어릴 때 한두 번은 남의 물건을 가져와 본 경험이 있을 것입니다. 이것은 호기심으로 그랬을 수도 있고 다른 사람이 하니까 장난삼아 따라 한 경우도 있을 것입니다.

만 3세 전까지는 욕구조절능력이 부족하여 가지고 싶은 것을 보면 참지 못합니다. 발달과정상 '내 것'과 '네 것'을 구별하지 못하는 시기에 일어나는 행동이라 할 수 있습니다.

남의 물건을 허락 없이 가져오는 행동은 어린 시기에는 가장 흔하게 일어납니다. 대개의 경우는 부모가 잘 타이르고 설명하면 잘못된 행동으로 인식하고 멈추게 됩니다. 또한 도덕성이 발달하는 초등학교에 입학하게 되면 옳지 않은 일이라는 것을 알고 대부분은 하지 않게 됩니다. 하지만 이런 행동이 사라지지 않고, 습관적으로 이루어지지 않도록 세심한 주의와 관리가 필요합니다.

아이 마음 들여다보기

습관적으로 남의 물건을 가져오는 경우, 원인은 무엇일까요?

- 3~4세의 경우 자기만족의 표현으로 자기 마음에 들어 그냥 가져올 수 있어요.
- 타인으로부터 시선과 관심을 끌고 싶어요.
- 좋은 물건으로 관심을 끌어 사랑을 받고 싶어요.
- 부모가 평소 아이가 원하는 것을 즉시 충족시켜 주는 허용적인 양육을 해요.
- 부족한 사랑을 물질로 보상받고자 집착해요.
- 다른 아이들은 가지고 있고, 나만 못 가진 것에 상실감을 느껴요.

이렇게 해주세요!

남의 물건을 가져오면 안 되는 이유를 설명해 주세요

아이가 갖고 싶어 하는 것을 즉시 해결해 주다 보면, 자칫 세상의 모든 것이 자기 것이라고 착각할 수 있습니다. 내 것을 내가 가져오는데 왜 잘못했다고 하는지 아이는 도무지 이해할 수 없습니다. 아이가 다른 사람이나 다른 곳의 물건을 가지고 왔을 때 심각하거나 당황하는 모습을 보이지 말고 차분한 태도로 남의 물건을 가져오면 안 되는 이유를 알려주세요!

잘못된 행동이라는 것을 알려주고 책임을 가르쳐 줍니다

어린 연령의 경우 소유 개념이 없어 주인이 있다는 것을 모르고 그냥 가져올 수 있습니다. 하지만 5세 이상이 되면 모든 물건은 주인이 있다는 것을 알게 됩니다. 아이가 만약 남의 물건을 허락 없이 가져왔을 경우,

"미안해, 이건 내 것이 아니야. 내가 잘못 알고 가져왔어. 돌려줄게"

하면서 아이가 직접 사과하고 되돌려주도록 가르쳐 주며 그것이 옳지 못한 행동이었음을 알려주어야 합니다. 또한 물건을 잃어버린 친구의 마음도 알게 합니다. 만약에 아이 스스로 사과하는 것을 힘들어하면 부모가 용기를 낼 수 있도록 도와줍니다. 이것은 아이 스스로 한 행동에 대한 책임을 가르치기 위한 과정입니다. 또한 다른 사람의 물건을 되돌려준 아이의 용기 있는 행동을 격려하고 칭찬해 주는 것을 잊지 마세요!

세상의 모든 물건에는 주인이 있다는 것을 알게 합니다

부모가 아이의 서랍을 열 때나 물건을 사용할 때도 허락을 받는 모습을 보이세요. 다른 사람의 물건도 허락을 받아야 사용할 수 있음을 알게 합니다. 또한 유아기는 무조건 내 것으로 생각하고 자기중심적인 생각에서 남의 물건을 그냥 가져올 수 있습니다. 하지만 모든 것이 자신의 요구대로 이루어지는 것이 아님을 가르쳐야 합니다.

세상의 모든 물건은 주인이 따로 있다는 것을 알려주어야 합니다. 내 물건이 소중한 만큼 남의 물건도 소중해서 함부로 가져오면 안 된다는 소유 개념을 가르쳐 주는 것입니다. 또한 그러한 행동은 법과 규칙에 어긋나는 올바르지 않은 행동임을 가르쳐 줍니다.

4~6세 아이라면 놀이를 통해서 소유 개념을 가르쳐 주세요

만약 4~6세 아이라면 남의 물건을 함부로 가져오지 않음을 놀이를 통해서 가르치는 것도 바람직합니다. 아이의 물건과 친구의 물건, 또는 엄마 아빠의 물건을 구분해서 놀이를 하게 하여 자연스럽게 소유 개념을 가르쳐 주세요!

"이건 엄마 양말, 이것은 형아 팬티! 이건 누나 양말!"

이렇게 빨래를 정리하면서도 누구의 물건인지를 이야기하며 자연스럽게 인지하게 하는 것입니다.

지나간 잘못은 반복해서 이야기하지 않습니다

간혹 부모는 아이가 예전에 저질렀던 잘못들을 들추어내어 탓하는데 그것은 옳지 않습니다. 심하게 꾸짖거나 '나쁜 아이'라는 딱지가 붙었다고 생각되면 아이는 수치심을 느끼고 자신이 나쁜 아이라고 생각하게 됩니다. 오히려 정서적인 불안과 갈등으로 인해 더 많이 남의 것을 가져오고 싶어 할 수도 있습니다. 이것은 반성보다는 반감을 불러일으키고 아이에게 스트레스를 유발할 수 있습니다. 지나간 일은 그저 지나간 일일 뿐입니다. 앞으로의 일이 더욱 중요함을 인식시켜 줍니다.

작은 물건이라도 소중하게 여기는 태도를 보여주세요

작은 물건에도 나름의 소중한 가치가 있습니다. 아이 앞에서 가격이 싸거나 사소한 물건이라고 함부로 취급하지 마세요! 사소한 물건을 별거 아닌 것으로 무시할 경우, 사실은 남의 물건을 가져오는 행동을 승인하는 것이나 다름이 없습니다. 그리고 부모가 지갑을 열어놓고 방치하거나 열린 지갑에서 돈을 가져오게 하는 심부름은 시키지 마세요! 이런 행동은 자칫 남의 지갑에서 물건을 가져와도 된다는 인식을 심어줄 수 있습니다.

유아 시기의 아이는 어른 행동을 따라 하며 모방합니다. 아이는 부모가 작은 물건이라도 소중하게 여기고 아끼는 일관성 있는 태도를 보면서 물건을 함부로 다루지 않게 됩니다. 부모는 자녀의 거울입니다.

11

첫째 아이를 못살게 굴고 방해해요

"엄마, 민호가 나를 못 살게 굴어!"
"귀찮아 죽겠어. 책을 못 보겠어요!"

이렇게 사사건건 동생이 큰아이를 괴롭힐 때마다 큰아이는 짜증을 내면서 엄마에게 이야기합니다. 사실 이런 다툼이나 갈등이 있을 때 부모는 주로 동생 편을 들어주고, 의젓하게 보이는 큰아이에게 참으라고 합니다.

"넌 형이고 누나잖아."
"오빠잖아!", "언니잖아!"

이러니 동생은 늘 큰아이를 이기려고 하며 대들기 마련이지요. 동생은 자신보다 우월한 형을 보면서 어떤 마음일까요? 동생이 이런 행동을 하는 데는 분명한 이유가 있답니다.

아이 마음 들여다보기

동생이 큰아이를 따라다니며 못살게 방해하는 원인은 무엇일까요?

- 부모의 따뜻한 관심과 사랑이 필요하다고 느껴요.
- 큰아이를 괴롭혀서라도 부모의 관심과 사랑을 받고 싶어요.
- 자신보다 능력 있는 형이나 언니를 보면서 경쟁과 질투심이 나요.
- 타인의 입장에서 이해하는 것이 힘든 시기(5세까지)예요.
- 자신의 모습을 다른 사람에게 보여주고 싶어요.

이렇게 해주세요!

아이의 눈을 보면서 화가 난 마음을 읽어주세요

둘째 아이가 사고를 치고 말썽을 부릴 때는 아이 이름을 불러 행동을 중지시키고 눈을 마주 보며 단호하게 이야기합니다. 만약 눈을 마주치지 않으려고 하면 "안 돼!"라고 양팔을 붙들고 엄한 태도로 제지합니다. 그런 다음 왜 그렇게 화가 났는지 아이의 눈을 보면서 물어봅니다.

"왜 그렇게 화가 난 거니?"

"응, 그랬구나. 그런데 형이 공부하는데 그렇게 방해를 하면 형도 화가 나지. 형이 책 읽고 있는데 그렇게 방해하면 안 되는 거야, 알았지?" 라고 공감하면서 화가 난 그 마음을 읽어줍니다. 엄마의 관심을 얻기 위한 행동이라는 것을 알고 충분히 공감하며 읽어주는 것이 중요합니다.

서툴지만 감정을 말로 표현하게 하세요. 해결이 빨라집니다

이 시기에는 언어적인 표현이 서툴기 때문에 억울한 마음이 말보다는 행동으로 앞서 나올 수 있습니다. 그러므로 서툴지만 자기의 감정을 말로 표현하게 하고, 실수하거나 잘못된 행동을 사과하게 합니다. 또한 부모가 잘잘못을 가려주고자 한다면 서로의 이야기를 충분히 들어보고 의견을 나누게 하여 각자의 뜻과 의견을 존중해 줍니다. 부모가 일방적으로 무조건 동생이 잘못했으니 큰아이의 말만 듣고 사과하라고 하는 표현은 옳지 않습니다. 형을 방해하는 동생의 행동에도 분명한 이유와 원인이 있을 것입니다. 아직은 서툴지만 충분히 동생의 말과 생각을 들어주고 그 마음을 이해해 주세요! 훨씬 해결이 수월해집니다.

아이가 이해하고 기다릴 수 있도록 정확한 시간을 알려줍니다

큰아이를 방해하는 일련의 사건들은 부모에게 충분한 사랑을 받고 있음을 느끼는 순간 눈이 녹듯이 사라지게 됩니다. 부모는 두 아이가 있는 상황에서 함께 사랑을 주기 어려우니 시간을 쪼개어서 둘째와 함께 할 수 있는 시간과 활동도 준비하세요! 아이에게 이해하고 기다릴 여유와 시간을 줍니다.

"형이 장난감 치우는 것을 도와주겠니? 그러면 엄마가 맛있는 간식을 만들어 줄게."

"민호야, 네가 누나 장난감 정리를 도와주면 간식을 좀 더 빨리 먹을 수 있을 거야."

"엄마가 지금은 형 공부를 봐줘야 하거든? 30분만 기다리면 같이 놀아줄게. 기다릴 수 있지?"

라고 미리 약속을 하여 기다리는 인내심을 배우게 합니다. 이렇게 약속을 잘 지키고 기다려 주었을 때는, 즉시 인정하며 칭찬해 주는 것도 잊지 마세요!

큰아이를 칭찬할 때는 반드시 둘째 아이도 함께 칭찬합니다

아이 행동을 잘 관찰하여 무언가를 칭찬하거나 인정하여 보상을 해야 할 때는 첫째 아이와 둘째 아이를 똑같이 칭찬하고 보상해 줍니다. 예를 들어서,

"우와, 우리 민호가 블록을 멋지게 정리해 놓았네!"
"우리 유경이도 동생을 잘 도와서 잘 정리했구나!"
"음. 그럼 이렇게 예쁜 내 보물들에게 무엇을 해주면 좋을까?"

이렇게 칭찬과 보상은 똑같이 아이가 원하는 것을 공평하게 차별 없이 해주어야 합니다.

형이나 언니, 누나는 이겨야 하는 경쟁의 대상이 아닌, 서로 의지해서 함께 살아가야 할 중요한 가족임을 알게 합니다. 그러면 동생은 큰아이를 질투하거나 미워하는 대신, 함께 살아가며 의지할 수 있는 든든한 대상이라는 마음이 자연스럽게 생기게 됩니다.

12

갑자기 욕을 많이 해요!

"야, 새끼야! 꺼져!"

"이거는 졸라 재미있어."

"이런 △△△"

가끔은 욕을 하는 아이의 모습을 흔히 볼 수 있습니다. 하지만 막상 욕을 하는 아이 엄마의 모습을 보면 민망해서 어쩔 줄을 모르고 혼을 내지도 못하고 쩔쩔매는 모습입니다. 이럴 때 부모는 흔히 아이를 크게 혼내거나 아예 내버려 두는 경우가 많은데, 이러면 아이의 욕하는 습관을 바로잡기가 힘이 듭니다.

유아기에는 특히 여아들보다는 남자 아이들이 욕에 더 많이 노출되어 있고, 아무래도 집 밖에 있는 시간이 많아지고 친구들과 어울리다 보면 자연스럽게 배우게 됩니다. 부모나 친구를 많이 모방하는 시기이므로 남이 욕하는 것을 나도 모르게 배워서 따라하게 되지요. 이런 아이들은 화가 나면 자신도 모르게 스스럼없이 욕을 하게 됩니다.

또한 자연스럽게 지나가기도 하지만, 욕구좌절이 많고 늘 가슴 속에 분노가 차 있는 경우의 아이는 이런 욕을 입에 달고 습관적으로 하게 될 수도 있습니다. 만약 우리 아이가 의도적으로 욕을 시작한다면 주의 깊게 관심을 가지고 관찰해야 합니다. 그리고 야단보다는 아이의 욕구를 잘 조절할 수 있는 방법을 고민하고, 세심한 지도를 통해 바르고 아름다운 말을 사용할 수 있도록 지도해 주세요! 아이는 언어를 학습하면서 자연스럽게 욕도 배우게 되는 것입니다.

아이 마음 들여다보기

갑자기 욕을 많이 하는 경우, 원인은 무엇일까요?

- 언어를 배우듯이 욕도 모방하여 따라 해요.
- 욕인지 무엇인지 사용하는 단어의 뜻을 모르고 남들이 재미있어 하는 것 같아서 해요.
- 부모가 무관심한 반응을 보이거나 웃어주니까 욕을 해도 괜찮다고 생각해요.
- 화나 분노를 표현하는 적절한 방법을 몰라요.
- 주변에 욕을 자주 하는 부정적인 모델이 있거나 매스컴의 영향을 받았어요.
- 주변으로부터 관심을 받고 싶어요.

이렇게 해주세요!

욕을 하면 즉시 나쁜 행동임을 알려주고 좋은 말을 하게 해주세요

아이가 욕이 섞인 말을 할 때는 먼저 아이의 양팔을 잡고 눈을 보면서, 욕을 하면 나쁜 행동이라는 것을 단호하게 일러줍니다. 그리고 앞으로 다시는 욕을 하지 않도록 엄하게 주의를 주어야 합니다. 그리고 차분하게 욕의 의미를 설명해 줍니다.

"그런 말은 나쁜 뜻을 가지고 있어. 누가 너에게 그런 말을 하면 기분이 좋겠니? 그러니 너도 하면 안 되는 거야."

"나쁜 말을 자꾸 하면 아무도 너와 놀지 않으려 할 거야."

"이런 말을 들으면(욕을 들으면) 상대방이 싫어한단다. 대신에 이렇게 말을 하면 어떨까?"

또한 주변에 사람이 있다고 그냥 넘어가게 되면 해도 괜찮은 것으로 알고 반복하게 됩니다. '크면 나아지겠지' 생각하고 방치하다 보면 아이는 '사람들에게 욕을 해도 상관없네'라는 인식을 갖게 됩니다. 그것이 잘못된 행동임을 즉시 일깨워 주세요! 욕 대신에 사용할 수 있는 좋은 말을 말해주고 반복 사용하도록 해주세요!

아이 주변에 욕설을 하는 부정적인 모델이 있는지 살펴봅니다

아이 주변에 욕설을 하는 사람이 있는지 살펴보아야 합니다. 이 시기는 쉽게 모방하여 따라 하는 시기라 욕설을 하는 어른이 있으면 금방 보고 배울 수 있습니다. 부모가 무심코 하는 말에도 욕이 있을 수 있습니다. 아이는 무조건 모방하여 배우게 됩니다. 또한 매스컴의 영향을 받으면서 학습될 수 있음을 알고 부정적인 매체의 영향에서 벗어날 수 있도록 관심을 가지고 지도해 주어야 합니다.

욕 대신에 화나 분노를 표현하는 적절한 방법을 알려줍니다

화가 나면 화를 "바보", "죽어"라는 표현으로 위협적으로 말하게 됩니다. 화가 나는 감정을 욕으로 표현해 상대방을 화나게 만들려는 의도도 있고, 또 의사표현이 서툴러 익숙한 욕으로 대신할 수 있습니다. 만일 이런 행동을 방관하게 되면 화가 나면 계속 욕설을 내뱉을 수 있기 때문에, 화를 다스리는 적절한 방법을 알려줄 필요가 있습니다. 욕을 통한 의사표현은 바람직하지 않다는 것을 알게 하고, 이러한 분노를 표현하는 적절한 방법을 알려주세요! 화가 날 때마다 욕을 하게 되면 분노를 조절할 수 없을뿐더러 이것이 습관화되어 욕을 시도 때도 없이 할 수도 있어 점점 바로잡기 힘들어집니다. 또 다른 방법으로 동화책을 이용하여 욕설이나 은어, 속어를 대체할 재미있는 말들을 가르쳐 주세요.

대화를 통해 감정을 표현할 수 있는 아름다운 말을 가르쳐 주세요

아이가 욕을 한다는 것은 그만큼 사회적 관계의 폭이 넓어지고 있다는 것입니다. 처음에는 대화가 힘들 수도 있지만 점차적으로 노력하여 시도해 보세요! 욕을 하였다면 어떤 기분일 때 욕을 사용하는지, 욕을 사용하면 어떤 점이 안 좋은지를 대화를 통해서 찾아보게 하는 것이 좋습니다. 욕 대신 감정을 표현할 수 있는 아름다운 말들이 많다는 것을 함께 찾아보고 가르쳐 주는 것도 중요합니다.

아이의 분노조절에는 적절한 감정코칭이 필요합니다

아이는 아직 어리고 언어적으로 미숙하여 감정 표현이 서툴 수밖에 없습니다. 적절한 감정코칭의 방법은 어떻게 하면 될까요?

먼저, 아이가 본인의 감정을 인식하고 표현하게 합니다. 아이의 자존심을 건드리는 표현은 하지 않습니다.

"바보같이 왜 우니?"
"맨날 우니까 당하는 거지."
"우는 아이는 바보야!"
"똑똑한 아이는 울지 않거든?"

이런 표현은 절대 삼가야 합니다. 이럴 때는 아이의 감정을 존중해 주고, 인정해 주는 것이 필요하며, 아이가 왜 그런 감정을 느끼게 되었는지를 먼저 공감해 주는 것이 중요합니다. 그 후 다른 사람들은 왜 이런 행동을 싫어하는지를 알려주며 이해를 시킵니다.

화가 나면 어떻게 반응해야 하고, 어떻게 행동해야 하는지를 알려줍니다. 폭력적인 감정은 신체적인 놀이로 아이의 잠재되어 있는 스트레스를 풀게 해주고, 아이가 반복적으로 분노를 조절하는 데 실패한다면 부모가 감정을 조절할 수 있도록 도와주어야 합니다.

화가 나면 어떻게 반응해야 하고 어떻게 행동해야 하는지, 또한 다른 사람을 배려하며 말하는 법에 대해서 알려주는 것이 중요합니다.

Tip 내 아이를 위한 감정코칭 5단계

감정코칭의 핵심은 감정은 충분히 공감을 하지만 행동하는 데는 분명한 한계가 있다는 것을 깨닫게 해주는 것입니다.

- 1단계 : 아이의 감정 인식

  "지금 기분이 어때?"와 같이 열린 질문을 하며, 아이의 마음을 읽어줍니다.

- 2단계 : 감정적인 순간을 좋은 기회로 삼기

  아이의 작은 감정변화를 포착해 감정코칭의 기회로 삼습니다.

- 3단계 : 아이의 감정에 경청하고 공감하기

  아이의 감정을 진심으로 공감해 주고 감정정리를 도와줍니다.
  "그래서 무엇을 어떻게 하면 좋을까?"

- 4단계 : 감정을 표현하도록 도와주기

  감정에 해당하는 이름을 붙여주세요. 어떻게 처리해야 할지 스스로 판단하게 됩니다.
  "지금 기분을 기쁨이라고 하는 거야!"

- 5단계 : 아이 스스로 문제를 해결하도록 돕기

  아이가 한 선택이 최선의 해결책은 아니더라도 아이 스스로 시행착오를 통해 깨닫게 되도록 믿음을 줍니다.

출처 : 대구시교육청(2014).

● 마음을 여는 감정코칭 대화법

1. 경청하는 대화 : 상대방의 말에 귀를 기울입니다.

"그랬어? 그래서 어떻게 되었어?"

2. 수용하는 대화 : 아이의 마음 상태를 수용합니다.

"그래, 지금 화가 많이 났네."

"그렇구나!"

3. 상처받은 아이의 마음을 풀어주는 대화

"엄마가 잘 모르고 네 탓만 했네?"

"엄마가 미안해!"

아이가 자기 자신이 수용받고 있다는 것을 느끼면, 편안하게 대화할 수 있게 됩니다.

출처 : 대구시교육청(2014).

부록

0~7세 아이의 부모가 꼭 알아야 할 것

01

0~2세 아이의 부모가 꼭 알아야 할 것

세상에 갓 태어난 우리 아이! 얼마나 예쁘고 신비로운 존재인지요. 부모가 되어본 사람만이 부모의 마음을 안다고 하였습니다. 저도 첫 아이를 출산하던 그 순간! 밖에서 순산을 기다리며 노심초사하던 엄마의 모습이 떠올라 눈물이 핑 돌았습니다.

새 생명의 탄생이라는 경이로운 순간의 벅참에도 불구하고, '내가 이제 정말 엄마가 되는건가?', '이렇게 어려운 산고의 고통을 겪어서야 비로소 엄마가 되는구나!'라는 생각이 들었기 때문입니다.

태어나서 돌까지는 마음과 몸이 분리되지 않은 공생의 시기입니다. 이것은 엄마의 몸과 마음이 아이와 함께하며 분리될 수 없다는 의미입니다.

♣ 아이의 최상의 몸 상태를 점검하고 정상적으로 잘 발육하고 있는지 체크해야 합니다. 이는 엄마가 아이에게 민감하게 반응하는 민감성을 바탕으로 아이가 항상 최적의 컨디션을 유지하도록 하는 것입니다. 최적의 몸 상태를 유지해야 아이의 정서도 건강한 기초를 이루게 됩니다.

♣ 다양한 자극과 반응을 통한 인지발달 및 정서발달이 이루어지도록 합니다. 신생아기의 아이는 감각기능을 통해서 세상을 배웁니다. 청각과 후각이 민감하게 작용을 하여 목소리와 냄새만으로도 엄마를 구별합니다. 그래서 배 속에 있을 때에도 태담이나 태명을 불러주며 아이에게 사랑을 주는 것입니다. 돌 전의 아이에게는 매일 같은 목소리의 같은 냄새를 맡게 하고, 같은 방식으로 먹고 자게 하는 등 규칙적이고 안정감 있는 생활이 중요합니다.

♣ 부모와 신뢰감을 형성하는 안정적인 애착이 우선입니다. 신생아기 아이에게는 가장 기본적인 생리적인 욕구에 반응하여 안정감 있게 충족시켜 주는 것이 무엇보다 중요합니다. 아이가 배가 고프거나 배변을 하였을 때 민감하게 반응하여 안아주고 즉시 해결해 줍니다. 배고파 우는데도 반응이 없고, 기저귀를 갈아야 하는데도 부모가 도와주지 않는다면 아이는 자신을 신뢰받을 수 없는 존재로 인식하기 시작합니다. 세상과 부모에 대한 불신을 키워가는 것이죠. 아이가 태어나면서부터 엄마의 숙제는 아이와의 안정애착 형성입니다.

♣ 기질과 성향에 따라서 아이의 반응하는 정도가 다를 수 있습니다. 기질은 타고난 유전적이고 생물학적인 바탕을 말합니다. 아이의 울음과 찡그림 등 정서적인 반응도 기질과 성향에 따라서 다를 수 있으며 개인차가 있습니다. 기질은 순한 기질, 예민하고 까다로운 기질, 더딘 기질로 나누어 볼 수 있습니다.

♣ 흔히 우리는 아이를 키우면서 "우리 아이는 순둥이야!", "너무 순해서 한번 보채지도 않아!"라고 자랑스럽게 말하는데, 사실은 순한 기질이라고 다 좋은 것은 아닙니다. 부모는 순한 기질이면 편하고 좋을 듯하지만 방임적으로 양육될 가능성이 많습니다. 아이의 기질이 까다롭더라도 그 성향에 잘 맞추어 양육하는 것이 부모의 능력입니다.

♣ 돌 무렵 가까워지면 신체적인 움직임이 활발해집니다. 누워만 있던 아이가 기다가 앉더니 서고, 드디어 자율성의 첫 시도인 걸음마를 떼게 됩니다. 아이의 신체 움직임이 많아질수록 엄마가 눈을 못 뗄 정도로 육아도 점점 힘이 들어집니다. 이 시기에는 가장 신경 써야 하는 부분이 안전입니다. 저의 아이 유경이도 돌 무렵에 전기밥솥에 손가락이 붙어서 화상을 입어 몇 년을 힘들게 치료를 한 적이 있습니다. 다행히 부지런히 손놀림을 하며 운동을 시킨 결과 별 탈 없이 잘 자랐지만 그 당시에는 걱정되고 불안한 마음이었습니다. 또한 아이를 집 안에 두고 잠시 나갔다 오는 사이에 현관문을 안에서 잠그는 바람에 혼이 났던 적도 있었습니다. 아이를 키우면서 이 시기에는 누구나 한 번쯤은 겪을 수 있는 안전사고를 주의해야 합니다.

02

3~4세 아이의 부모가 꼭 알아야 할 것

♣ 이 시기 아이는 그동안 엄마와 내가 분리된 존재가 아니라 공생관계에 있었던 것에서 벗어나, 엄마와 다른 '나'가 존재한다고 여기게 됩니다. 이제는 엄마로부터 몸과 마음이 분리된다는 것을 알게 되어 자아가 발달하며 자아정체감이 형성되기 시작합니다.

♣ 자아가 형성되면서 이유 있는 '반항'이 시작됩니다. 자아는 '자기 자신에 대한 의식이나 관념'을 의미합니다. 아이의 자아가 형성된다는 것은 남과 다른 내가 있다는 것이며 세상과 따로 분리된 내 자신이 존재함을 안다는 것입니다. 이 시기의 아이는 남다른 고집이 생기게 되고, 부모의 말에 따르지 않고 반항하며 자신의 존재를 드러냅니다.

♣ '되고 안 되는 것'의 한계와 허용 범위를 알려줍니다. 이 시기의 아이는 이리저리 많은 호기심과 탐색의 기회를 엿보며 온갖 행동을 하게 됩니다. 아이가 무조건 하자는 대로 내버려 둬서도 안 되고, 그렇다고 무조건 통제를 해서도 안 됩니다. 안전에 대한 부분은 신경을 써서 유의할 수 있도록 지도하여야 하며, 위험한 행동을 하지 않도록 주의를 주어야 합니다. 한번 안 되는 일은 어떠한 상황에서도 안 된다는 원칙을 세우고 일관성 있게 행동하는 것이 중요합니다. 부모의 감정에 따라서 될 때 안 될 때의 기준이 명확하지 않으면 아이도 자칫 그것을 이용하게 됩니다.

♣ 아이의 새로운 시도를 격려하고 탐색을 장려하세요! 아이는 자신의 시도가 뜻대로 되지 않으면 울음을 터뜨리고 부모에게 도움을 요청합니다. 아직은 어려서 스스로의 힘으로는 조절할 수 없기 때문입니다. 이 시기에는 긍정적으로 감정을 조절하는 방법을 가르쳐 주고, 부정적인 감정을 잘 해결할 수 있도록 도와줘야 합니다. 아이의 이유 있는 어떠한 행동도 인내심을 가지고 지켜보고 바람직한 방향으로 도와주어야 합니다.

♣ 적절한 배변훈련, 자율성의 시작입니다. 아이가 18개월이 지나면 서서히 배변훈련을 시작하게 됩니다. 보통 배변훈련은 18개월 무렵에 시작하여 36개월경까지는 완성이 되어야 합니다. 그러나 아이가 미처 준비가 되지 않았을 때 배변훈련을 급하게 시키다 보면 자칫 수치감이 형성될 수 있고, 성인이 되어서도 영

향을 미치게 됩니다. 대소변을 가린다는 것은 자기조절이 가능함을 알리는 것입니다. 충분히 준비될 때까지 여유를 가지고 기다렸다가 시키는 것이 중요합니다.

03

4~5세 아이의 부모가 꼭 알아야 할 것

♣ 이 시기는 여러 가지 방법으로 자신에 대해서 알아가며 스스로 몸과 마음을 조절할 수 있는 힘이 생깁니다. 신체적인 동작능력이 아주 세분화되지는 않았지만 신체의 다양한 동작도 가능해집니다. 이전 시기에는 자신의 욕구가 좌절되었을 경우 떼를 쓰거나 공격적인 행동을 많이 하였지만, 4~5세가 되면서는 점차적으로 감정을 조절하는 능력이 생겨서 이러한 막무가내의 행동은 점점 줄어들게 됩니다. 이때부터는 친구와 놀 수 있게 되고 약간의 학습과 인지적인 놀이가 가능하며 서서히 활발해집니다.

♣ 이 시기의 떼쓰고 공격적인 행동은 정상적인 발달의 과정입니다. 아직은 자신의 마음과 몸을 조절할 수 없는 상태이기에 욕

구를 이런 식으로 표현하는 것입니다. 이 시기에도 역시 부모가 '되는 행동'과 '안 되는 행동'의 경계를 명확하게 구분해 주고, 일관성 있는 원칙과 규칙을 제시하여 지도하는 것이 바람직합니다. 타고난 기질이나 환경적 측면에서 떼를 너무 자주 부리거나 오랫동안 지속되는 경우도 있습니다. 부모와의 애착관계에서 나타나는 문제가 지속되어 이어질 수도 있으니 오래 지속될 경우는 그 원인을 파악하는 것도 중요합니다.

♣ 자기조절력도 점차적으로 발달이 되고 대소변도 가릴 수가 있습니다. 상상놀이를 시작하면서 인지발달과 아울러 제 나이에 어울리는 행동을 하게 되고, 정서적인 성숙이 바탕이 되어 좀 더 나은 다음 단계로 이행될 수 있습니다.

♣ 폭발적으로 늘어나는 어휘력을 바탕으로 의사소통이 활발해집니다. 이 시기의 아이들은 "왜?", "그래서 어떻게 되었어?" 등 호기심에 의해서 똑같은 질문을 자주 하게 됩니다. 약 2~5개의 단어가 합쳐진 문장을 말할 수 있고 긁적거리는 단계를 지나 약간의 쓰기도 가능해집니다. 또한 어른의 말과 행동을 모방하고 배우기 때문에 부모의 행동이 모델링이 된다는 사실을 기억하고 아이에게 바른 모습을 보여주세요!

♣ 아이의 행동을 제지할 때는 '나-전달법'을 효과적으로 사용합니다. 이 시기는 무조건 단호하고 엄하게 지시할 것이 아니라, 아이의 행동에 대한 부모의 감정을 이야기하며, 아이가 부모의

감정을 이해할 수 있도록 효율적으로 대처해야 합니다. "네가 여기 올라가서 위험한 모습을 보니 엄마는 걱정이 돼. 불안해!", "네가 다치면 큰일 나. 엄마는 너무 마음이 아파!" 등으로 이야기해 주며 아이의 행동을 바꾸고자 노력합니다.

♣ 가족관계가 원만하고 좋아야 바람직한 사회성이 발달합니다. 이 시기의 아이는 친구와 노는 것을 시작하며 좋아하게 됩니다. 아직까지 사회적 유능성은 발달하는 단계라 친구와의 갈등이나 다툼을 적절히 해결할 수는 없지만, 대인관계가 서서히 안정적으로 발달하기 시작합니다. 만약에 아이의 사회성에 문제가 있다면 부모의 관계를 먼저 돌아봐야 합니다. 안정적인 애착이 형성되어 있고 부부의 관계도 좋다면 사회성 발달이 조금 늦는 것일 수도 있으니 염려하지 않아도 됩니다.

04

6~7세 아이의 부모가 꼭 알아야 할 것

♣ 두 돌 무렵 형성된 자아는 6~7세가 되면서부터 거의 완성이 됩니다. 이 시기는 남아는 남아대로 여아는 여아대로 안정된 자아상을 형성하며 성 정체성과 더불어 안정된 자아정체감이 형성됩니다. 유아교육기관에 다니는 마지막 시기가 되며, 서서히 초등학교에 입학할 준비를 해나가야 합니다.

♣ 이 시기는 자기가 원하는 것을 떼쓰는 것이 아니라 부모를 설득하려고 합니다. 이제는 논리적인 인과관계를 이해하고 체계적으로 사고하고 분석하는 능력이 생기게 됩니다. 또한 감정이나 정서도 이성적으로 조절할 수가 있습니다. 이전 단계인 2세쯤에는 욕구를 조절하지 못하여 마구 떼를 쓰고 화를 내다가, 3~4세가 되어 감정조절이 되었다가 안 되었다가 했지만, 이 시기에

는 감정조절이 가능해집니다. 따라서 자기조절이 가능해지며, 책 읽기를 비롯하여 여러 분야의 인지적인 학습도 충분히 장려할 시기입니다.

♣ 여아는 엄마의 모습이나 행동을, 남아는 아빠의 모습이나 행동을 닮아가며 자신의 자아상을 정립해 나갑니다. 남아들과 여아들의 놀이 특성이 다르고, 옷 입는 것, 취미까지 서서히 자신의 기준을 세워나갈 수 있습니다. 이 시기에는 남아다운, 여아다운 놀이를 마음껏 가능하게 해주고 올바른 남성상과 여성상을 정립해 나갈 수 있도록 합니다.

♣ 두 돌까지는 엄마와 나, 그 뒤는 엄마와 아빠와 나, 이런 관계에서 발전하여 이제는 엄마와 아빠와 친구와 나라는 관계로 발전합니다. 자신에 대한 안정된 자아상을 갖기 때문에 부모와 노는 것보다 동성의 친구와 어울리는 것을 좋아하며 즐기게 됩니다.

♣ 규칙을 만들어 지키게 되는 것에 칭찬과 격려를 끊임없이 해주세요! 이 시기는 논리적인 체계성이 생기게 되어 인과관계를 이해하게 됩니다. 무조건 해야 한다는 것보다 왜 해야 하는지의 이유를 설명해 주는 것이 좋습니다.

♣ "밥을 먹지 않으면 몸이 약해서 병에 걸리게 되는 거야!"라고 하면서 수긍할 수 있도록 합니다. 또한 자신의 행동을 인정받고

칭찬받기를 원하기 때문에 규칙을 잘 지켰을 때는 적절한 칭찬의 보상과 강화가 필요하며, 부모의 격려와 지지가 무엇보다 힘이 됩니다.

♣ 자아존중감을 끊임없이 향상시켜 주도록 합니다. '나는 정말 괜찮은 사람이야!'라고 느끼는 감정은 아이의 미래를 좌우합니다. 부모는 적절하게 때로는 아이의 자존감을 건드리지 않게 져주기도 하고 모른 척도 할 수 있어야 합니다. 일일이 간섭하고 지적하는 것은 아이의 자존감을 떨어트리는 행동입니다. 긍정적인 자아상의 확립으로 자존감이 향상되고 회복탄력성이 뛰어나며 자기조절력이 우수한 아이로 자랄 수 있게 격려해 주는 것이 중요합니다. 이 시기의 자존감 형성이 후일 험한 세상을 살아가는 밑거름이 됩니다.

아이에게 가장 필요한 질문은
'무엇'이 아닌 '어떤' 사람이 되고 싶니?

우리 아이는 어떻게 살아야 할까요?
어떤 사람이 되면 좋을까요?
이 세상의 모든 부모는 우리 아이가
행복한 미래의 삶을 올바르게 살아가기를 바랍니다.

우리 아이의 마음속에 심어주어야 할
가장 중요한 것은 과연 무엇일까요?
어린 시절을 어떻게 보내느냐가
아이의 삶의 방향을 결정합니다.

아이를 아이답게 키우고
잔소리 대신 부모의 훌륭한 경험담을 이야기할 수 있는 부모,
우리는 그런 부모여야 합니다.

행복한 삶의 밑그림,
바로 어린 시절의 경험입니다.

우리 아이의 바람직한 행동의 변화,
바로 유능한 부모 됨의 지름길입니다.

"사막이 아름다운 것은…"

어린 왕자가 말했다.

"어딘가에 샘물을 감추고 있기 때문이야……."
"그래, 집이든 별이든 사막이든……
아름다움을 주는 것은 눈에 보이지 않아!"

『어린왕자』 중에서

에필로그

지금도 가끔씩 “아이들을 어떻게 그렇게 잘 키웠어요?”라는 말을 듣곤 하지만, 좀 더 우리 아이의 마음을 잘 읽어주고, 원하는 것이 무엇인지를 알아서, 바람직한 방향으로 코칭하였다면 “지금보다 훨씬 더 잘 성장했을 텐데” 하는 욕심 아닌 욕심까지 생기게 됨은 부모이기에 어쩔 수 없나 봅니다. 더 잘 성장함의 기준이 어디까지인지는 모르지만 궁극적으로는 모든 부모가 가지고 있는 아이의 행복한 미래를 지향한 목표가 아닐까 합니다.

아마도 30년쯤 전 초보엄마 시절에 이러한 육아 지침서가 나와서, 아이의 정서와 행동에서 비롯된 문제행동들에 대한 해결책이 제시되었다면 훨씬 더 쉽게 아이를 키울 수 있었을 거라는 생각도 해봅니다. 요즘에는 인터넷이나 매체의 발달로 인해 수많은 육아정보를 쉽게 접하고 많은 도움이 되고 있기는 하지만, 정말 실질적으로 도움이 되는 구체적인 유아교육을 제시하는 지침서는 부족한 것 같아 아쉬움이 많습니다.

이 책 『좋은 부모 로그인 : 0~7세 아이 행동 20가지 비밀』은 제가 유아교육현장에 30년간 몸담아 오면서 가장 어렵다고 느껴졌던 부분의 문제를 다루었고, 현장에서 부모들이 가장 많이 호소하는 것들을 모아 엮었습니다. 사실 부모교육 측면에서 본다면 아이의 문제를 읽다 보면 누구나 알 수 있는 답들일 수 있습니다. 하지만 문제는 부모가 직접 실천하지 않으며 행동으로 옮기기 어렵다는 것입니다. 누구나 잘 알고 있지만 실천하지 않으면 아무런 소용이 없습니다.

이 책의 사례와 내용들은 특정의 누구를 지칭한 것은 아니며, 가급적 제 아이 유경이와 민호의 사례를 본보기로 하여, 제가 운영한 원에서 있었던 일, 또는 우리 주변의 부모라면 누구나 아이를 키우면서 흔히 겪을 수 있는 사례들입니다.

이제 이 글을 읽는 부모님은 내 아이가 지니고 있는 역량들의 차이와 개별적 존재인 아이를 인정하여 아이 저마다의 장점과 개성을 존중하여야 합니다. 타고난 기질과 성향과 부여받은 환경에 따라서도 다르게 자람을 인정하세요! 삶에서 벅찬 하루일과가 끝나면 한 번쯤은 자신을 돌아보고 반성적인 사고를 할 수 있는 시간을 가지는 것도 필요합니다. '나는 어떤 부모인가?'를 통해 자신의 양육태도를 점검해 보고, 정서와 행동으로 말하는 가장 흔한 20가지 사례를 중심으로 하여 구체적으로 제시된 아이의 이유 있는 행동을 위한 지침서가 자녀의 성장에 도움이 되기를 바랍니다.

아무쪼록 내 자녀의 건강한 성장을 위해서 고민하시는 부모님, 또한 창의적이고 성공적인 육아의 해법을 얻고자 하시는 이 땅의 모든 부모님께, 이 책이 아이를 바르게 키우는 작은 사랑의 레시피가 되기를 소망합니다. 또한 어린이집과 유치원에서 몸담고 있는 교사와 원장님들께도 작은 보탬이 되기를 기대합니다. 감사합니다.

* 유아교육기관이나 기타 기관의 〈부모교육〉 강의 및 아동상담, 기타 교육문의를 원하시면 010-8525-0902(cyhee7179@naver.com)로 연락 주세요.

참고도서

김영희 외(2012). 부모의 아동이해와 자녀양육. 경기 : 이담북스.

김이영 외(2014). 유아발달. 경기 : 양서원.

대구시교육청(2014). 자녀교육 가이드북.

로빈 그릴(2015). 0–7세, 감정육아의 재발견. 서울 : 글담출판.

송종용(2010). 현명한 부모되기. 서울 : 도서출판 앙겔로스.

슈물리 보테악(2009). 유태인 가족대화. 서울 : 랜덤하우스코리아.

신의진(2007). 아이심리백과. 서울 : 갤리온.

이경우 외(2010). 당신도 유능한 부모가 될 수 있다. 서울 : 창지사.

이민주 역(2009). 내 안의 기적을 만드는 긍정의 한마디. 서울 : 토네이도.

이 숙 외(2002). 훈련중심의 부모교육. 서울 : 학지사.

이재준(2013). 야단치지 않고 아이를 변화시키는 비결. 경기 : 소소책방.

정옥분 외(2008). 사회정서 발달. 서울 : 학지사.

조혜수(2006). 아이의 심리학. 서울 : 아울북.

최명희(2013). 아이와 통하고 싶다. 경기 : 공동체.

홍경자·김유정 공역(2013). 52주간의 멋진 부모 코칭. 서울 : 학지사.

네이버, 지식백과/ 블로그/ 카페 자료 등

저/자/약/력

■ **최영희**

저자는 현재 대학에서 전임교수로 재직 중이며, 영유아교사를 꿈꾸는 학생들을 지도하고 있고, 유아교사와 부모에 대한 연구에 전념하고 있다.
대학에서는 유아교육을 전공하였고, 대학원에서 아동미술을 전공하였으며, 상담학 박사와 유아교육학 박사를 수료하였다.
저자는 유아교육기관을 20여 년 운영해 오면서 다양한 부모들을 상담하며 역동적인 경험을 가졌다.
부모교육 전문강사로서 영유아들의 학부모에서부터 초등 학부모에 이르기까지 부모교육을 작은 사명으로 삼아 활동하고 있다. 또한 유아교육현장에 몸담고 있는 영유아교사들의 현장에서의 실제적인 교수방법과 인성을 지도하고 있다.
저서로는 『그림책으로 지도하는 한글톡톡』이 있고, 공저로는 『내 마음의 휴, 시루떡』, 『내 안의 이야기』가 있다.

삽화 | 저자 최영희가 직접 그림

좋은 부모 로그인
0~7세 아이 행동 20가지 비밀

| **저자** | 최영희

| **1판 1쇄** | 발행 2017년 9월 5일
| **1판 2쇄** | 발행 2020년 2월 14일
| **1판 3쇄** | 발행 2022년 2월 10일

| **발행인** | 김동훈
| **펴낸곳** | 공동체

| **주소** | 경기도 고양시 일산동구 호수로 358-39, 동문타워 1차 905호(백석동)
| **전화** | 031)814-3000(대표)
| **팩스** | 031)814-3100
| **홈페이지** | www.compub.co.kr
| **전자우편** | compub@naver.com
| **출판등록** | 2005년 10월 6일
| **등록번호** | 제396-2005-36호

| **ISBN** | 979-11-6105-188-8
정가 10,000원